공황장애 이해와 스스로 치유하기

공황장애 환자와 가족을 위한 안내서

가톨릭대학교 의정부성모병원
정신건강의학과 교수
이경욱 저

학지사

서문

 "아는 만큼 보인다."라는 말이 있습니다. 사람의 인식 능력은 제한이 있어서 자신의 인지적 한계 내에서 사물을 판별하게 되지요. 이러한 인지적 틀로 인한 제한이 고통에 대한 대처에도 영향을 주게 됩니다. 공황장애 환자를 치료하면서 저는 "아는 만큼 두려움이 줄어든다."라는 표현을 자주 쓰고 있습니다. 아무 이유 없는 상황에서 공황 발작을 처음 경험하는 것은 누구에게나 매우 두렵고 불안한 경험입니다.

 그러나 공황 발작이 무엇이고, 왜 내가 불안을 느끼고, 불안한 생각이 드는지, 왜 비행기를 타는 것이 두려운지 등을 이해한다면 우리는 불안에 대처할 수 있습니다. 마치 모르는 길을 가면서 불안할 때 지도를 보면서 내가 가는 길이 어떤 길인지를 알면서 가는 것과 같은 이치입니다. 어찌 보면 정신건강의학과 의사는 잘 모르는 길을 가면서 힘들어하는 환자와 함께 길을 가면서 좋은 길로 안내하는 안내자와 같을 것입니다. 짧은 진료 시간에 잠깐잠깐 많은 환자분을 대하면서 충분히 설명을 드리지 못하여 길을 잘 안내하지 못하고 있다는 죄송한 마음을 항상 가지고 있었고, 그래서 이 책을 쓰기로 결심했습니다.

어떤 환자 보호자분이 가족에게 어떻게 해 주어야 할지 모르겠다고 답답해하셨는데, 그분의 답답함도 제가 이 책을 쓰는 데 자극이 되었습니다. 이 책은 공황장애 환자를 오랫동안 치료하면서 받은 질문과 경험을 토대로 쉬운 언어로 길 안내서를 만들려고 노력했습니다. 사실 알고 보면 가족도 환자와 함께 공황장애를 겪는 것이라고 말할 수 있습니다. 그래서 환자뿐만 아니라 가족도 같이 읽을 수 있도록 정리하였습니다.

궁금한 것이 많으시겠지만, 이 책에서 그 모든 질문에 답하지 못해서 죄송하다는 말씀을 드립니다. 또한 글로 표현하다 보니 혹여나 제가 전달하고자 하는 의미가 뜻하지 않게 잘못 전달될 수도 있음을 미리 알려 드립니다. 오해와 오류에 대해서 지적해 주시면 기꺼이 받아서 수정하도록 하겠습니다.

충분히 만족스러운 진료를 해 드리지도 못하는 데도 불구하고 열심히 치료하러 오시고, 저에게도 역시 삶에 대한 깊은 통찰을 주신 많은 환자분께 이 지면을 빌어 감사드립니다.

무엇보다 애쓰고 있는 자기를 돌보고, 자신에게 친절하기를 바랍니다.

2025년 6월
이경욱

차례

서문 • 003

Part 1. 공황장애란 무엇인가

갑자기 숨이 답답하고 심장이 뛰고 죽을 것 같아요. 공황장애인가요 • 011
가슴이 답답한 것도 공황장애인가요 • 019
공황장애가 오고 기운이 빠지는데, 사람들이 우울하냐고 물어봐요 • 025
심장마비나 뇌졸중인 것 같아요. 응급실로 가야 하나요 • 029
이게 다 갱년기 증상 때문에 생기는 건가요 • 033
다른 사람들은 괜찮은데 나 혼자만 공황을 겪는 것 같아요 • 037
연예인들은 공황장애가 더 많은가요 • 041

Part 2. 공황장애 환자의 생각과 행동의 이해

공황 발작이 오면 무서워서 어떻게 해야 할지 모르겠어요 • 047
치료를 하다 보니 제가 과도하게 생각한다는 것을 알게 되었어요 • 055
정신병자나 걸리는 것 아닌가요 • 059
공황 발작이 올까 봐 무서워서 지하철을 못 타요 • 063
꽉 끼는 바지도 입고 숨이 찰 때까지 달리기도 해요 • 067
공황 발작에 미리 대비하고 사는 게 뭐가 문제죠 • 071
주머니에 항상 비닐 백하고 비상약을 챙겨 다녀요 • 075

Part 3. 공황장애의 원인

왜 제가 공황장애를 겪는 건가요 • 083

아이에게 공황장애가 유전되나요 • 089

Part 4. 공황장애의 치료

공황장애가 치료가 되나요 • 097

저는 공황장애 환자인데 왜 항우울제를 먹어야 하나요 • 099

치료를 시작하면 증상이 어떻게 나아지나요 • 101

정신과 약은 부작용이 많을 것 같아요 • 103

약을 먹으면 바보처럼 멍해지고 중독이 된다고 해서 먹기가 겁이 나요 • 107

정신과 약은 끊기가 어렵다고 해요 • 109

공황장애를 치료하지 않으면 어떻게 되나요 • 113

공황장애 약을 먹으면서도 임신이 가능한가요 • 117

인지행동치료가 꼭 필요한가요 • 121

앱이 나를 도와줄 수 있나요 • 125

공황장애 약을 언제까지 먹어야 하나요. 빨리 끊고 싶어요 • 127

공황장애는 치료를 해도 재발한다고 하던데요 • 131

Part 5. 공황장애의 일상적 관리 및 예방

제 생활 습관이 공황장애를 더 나쁘게 하나요 • 139
명상이 도움이 될까요 • 149
자기에게 친절하게 대하는 자기자비명상은 도움이 될까요 • 159
자기자비를 키우려면 구체적으로 어떤 연습을 하면 될까요 • 165

Part 6. 가족과 친구에게

아내가 공황 발작 때문에 힘들어하고 있어요 • 177
혼자 있기 불안하다고 계속 같이 있어 달라고 해요 • 181
무섭다고 엘리베이터를 안 타려고 하고, 터널도 돌아가자고 해요 • 187

Part 7. 마치면서

제가 공황장애에 대해 잘못 알고 있나요 • 195
공황장애를 앓은 경험이 내 인생에 도움이 될 수 있나요 • 199

후주 • 203

공황장애란 무엇인가

- 갑자기 숨이 답답하고 심장이 뛰고 죽을 것 같아요. 공황장애인가요
- 가슴이 답답한 것도 공황장애인가요
- 공황장애가 오고 기운이 빠지는데, 사람들이 우울하냐고 물어봐요
- 심장마비나 뇌졸중인 것 같아요. 응급실로 가야 하나요
- 이게 다 갱년기 증상 때문에 생기는 건가요
- 다른 사람들은 괜찮은데 나 혼자만 공황을 겪는 것 같아요
- 연예인들은 공황장애가 더 많은가요

공황장애는 갑자기 숨이 막히거나 심장이 두근거리며,
죽을 것 같은 공포와 불안을 경험하는 상태입니다.
공황 발작은 일반적으로 5~20분 정도 지속되며,
숨이 차거나 어지럽고, 손발이 떨리거나 몸이 떨리는 등의
신체 증상이 나타납니다.
이러한 발작이 반복되면, 사람들은 공황 발작이 다시 일어날까 봐
특정 장소나 상황을 피하게 되어 일상생활에 지장을 받을 수 있습니다.
이때 공황장애가 진단됩니다.
공황장애는 갑작스런 공포로 인해 신체적·정신적 고통을 겪게 되며,
적절한 치료를 통해 증상을 관리할 수 있습니다.

갑자기 숨이 답답하고 심장이 뛰고 죽을 것 같아요. 공황장애인가요

40세 연화 씨는 가슴이 답답하다며 병원을 방문했습니다. 그녀는 호흡곤란이 오기 전에 혈압이 오르고 어지럽고 쓰러질 것 같다고 했습니다. 한 달 전 넘어져 근육이 파열되어 MRI 검사를 받으려 했지만, 기계에 들어가는 것이 무서워 수면 상태에서 검사를 받았다고 합니다. 이후 갑자기 긴장되고 손이 떨리며 예민해져 잠을 이루지 못했다고 합니다.

약 10년 전에 엘리베이터에 혼자 갇힌 이후로 병이 생겼는데, 비상 버튼이 안 되어 갑자기 무섭고 답답해하다가, 다행히 억지로 문을 열고 나갔다고 합니다. 그리고 1~2주 후 갑자기 이명이 생기고 어지러워 응급실에 방문하여 약을 처방받고는 이후에 특별한 일이 없이 잘 지냈다고 합니다.

간혹 2~3년에 한 번씩 차를 타고 가던 중 답답하여 창문을 열기도 하고, 어떤 경우는 숨이 안 쉬어져 내려서 좀 있으면 괜찮기도 했다고 합니다. 그러다가 두 달 전 갑자기 죽을 것 같은 호흡곤란과 쓰러질 것 같은 느낌이 일주일 동안 매일 들었다고 합니다. 심전도 검사에 이상이 없다는 것을 확인하고는 정신건강의학과에서 치료를 받으려고 내원하였습니다.

갑자기 숨을 못 쉬겠고 어지럽고 눈앞이 잘 안 보이고 깜깜하고 심장이 터질 것처럼 막 울렸어요. 머리도 터질 것처럼 아프고 토할 것 같았어요.

뭐 하시다가 그랬어요?

자다가 한 번 그랬구요. 한 번은 남편 때문에 스트레스를 받아서 그랬어요. 그리고 한 번 더 있었어요. 친구들하고 카페에 갔는데, 앉아서 얘기하다가, 그냥 일상적인 소소한 얘기하던 중에 갑자기 왔어요.

 그래서 어떻게 하셨어요?

내가 왜 이러지 그러다가. 잠깐 밖에 나가서 환기를 하니 좀 괜찮아졌어요. 이게 공황장애인가요?

연화 씨의 경우처럼 숨이 답답하고 심장이 빨리 뛰고 죽을 것 같은 불안한 증상이 특별한 유발 요인이 없는데도 갑자기 나타나서 짧은 시간 동안 지속되는 것을 공황 발작이라고 말합니다. 공황 발작이 오면 사람들은 심장이 빨리 뛰고, 식은땀을 흘리며, 손발이 떨리거나 힘이 빠지고 어지러워 쓰러질 것 같으며, 숨이 차는 등의 신체적 증상을 경험하게 됩니다. 그리고 이때 정신을 잃고 어떻게 될 것 같아 불안해서 어찌할 줄을 모르거나 죽을 것 같은 정신적 증상도 같이 겪게 되어 두려워지기도 해요.

'공황'이라는 단어는 그리스어에서 유래했으며, '판Pan'이라는 신의 이름에서 비롯되었습니다. 판은 목축과 숲의 신으로, 평소에는 평화롭게 숲속을 거닐며 지냅니다. 그러나 그리스 사람들은 그가 낮잠을 자다가 갑자기 깨어나 정신없이 소리를 지르며 양 떼를 놀라게 해 뛰어다니게 했다고 믿었습니다.

대개는 이런 공황 발작이 5~20분 정도 지속되는데, 간혹 1시간 정도 지속되는 경우도 있어요. 숨이 차기 때문에 어떤 분들은 오히려 숨을 자주 들이쉬고 내쉬는 과호흡을 해요. 그런데 과호흡을 하게 되면 우리 피에 이산화탄소가 줄어들면서 손이나 얼굴이 찌릿하거나 멍멍해지는 감각 이상을 느끼기도 하고, 어지러움이나 핑 도는 느낌이 생깁니다. 이렇게 신체 증상이 더 심해지니까 오히려 두려움이 더 커지게 되지요.

예상하지 못한 상황에서 일어나는 이런 공황 발작을 반복적으로 경험하게 되면, 사람들은 공황 발작이 다시 올까 봐 걱정하고, 그래서 공황 발작이 일어났던 장소, 상황이나 공황 증상과 유사한 신체 증상을 유발하는 활동 등을 피하게 되는 행동의 변화를 겪게 됩니다. 예를 들어, 지하철에서 공황 발작을 처음 경험하면 지하철을 타는 것이 무섭고, 터널이나 고속도로에서 운전 중에 공황 발작을 경험하면 운전이 두렵게 됩니다. 운동이나 성관계 중 공황 발작이 일어나면 이런 활동을 피하게 되는데, 이런 상태가 되어 **일상생활에 장애가 초래되면 이것을 공황장애**라고 부르게 됩니다.

다음은 공황장애가 있는지 알아보는 간단한 질문입니다. 해당하는 문항에 체크해 보세요.

'1. 불안에 관한 질문' 4가지에 모두 '예'라고 답하고, '2. 가장 최근에 경험한 심한 불안발작에 대해 생각해 보십시오' 항목 중 4가지 이상 '예'라고 답했다면, 공황장애일 가능성이 아주 높으니 가능하면 병원을 방문하기를 권장합니다.

만약, 1.a.에 '예'라고 답하고, 1.b, 1.c, 1.d 중 하나에 '예'라고 답하고, 2. 항목에 4가지 이상 '예'라고 답한 경우에도 정신건강의학과를 방문하셔서 정확한 진단을 받아보기를 권장합니다. ✿

공황 발작과 공황장애가 뭔가요?

공황 발작이란?

- 특별한 원인 없이 갑작스럽게 발생하며, 숨이 막히거나 심장이 터질 듯 뛰고, 쓰러질 것 같은 느낌과 함께 죽을 것 같은 공포를 동반해요.
- 보통 5~20분 이내에 가라앉지만, 때때로 1시간까지 지속되기도 해요.
- 과호흡(숨을 너무 자주 쉬는 것)으로 인해 손발 저림, 어지러움, 감각 이상이 생기기도 해요.

공황장애란?

- 공황 발작이 반복적으로 발생하고, 다시 발작이 올까 봐 불안하거나 두려워 특정 장소나 상황을 회피하게 되는 상태예요.
- 일상생활에 지장을 줄 만큼 회피와 불안이 심해지면 '공황장애'로 진단할 수 있어요.

공황장애 선별 질문

1. 불안에 관한 질문

		예	아니요
a	당신은 지난 4주일 동안 불안발작(공황)을 느낀 적이 있습니까? 즉, 갑작스런 공포나 공황을 느낀 적이 있었습니까?	☐	☐
b	예전에도 이러한 일이 일어난 적이 있습니까?	☐	☐
c	이러한 발작이 갑자기 느닷없이 일어납니까? 즉, 긴장되거나 불편할 것이라고 예상하지 않은 상황에서 일어납니까?	☐	☐
d	이러한 발작 때문에 당신은 많이 방해를 받거나 또 다른 발작이 일어날까 걱정이 됩니까?	☐	☐

2. 가장 최근에 경험한 심한 불안발작에 대해 생각해 보십시오.

		예	아니요
a	호흡이 가빴습니까?	☐	☐
b	심장이 빠르게 뛰거나, 반복적으로 잠시 멎었다가 뛰거나 두근거렸습니까?	☐	☐
c	가슴에 통증이 있거나 압박감이 있었습니까?	☐	☐
d	땀이 났습니까?	☐	☐
e	숨이 막히는 것처럼 느꼈습니까?	☐	☐
f	갑자기 몸이 뜨겁거나 오싹함을 느꼈습니까?	☐	☐
g	메스꺼움이나 위경련이나 설사가 날 것 같은 느낌이었습니까?	☐	☐

		예	아니요
h	현기증이 나거나 균형을 잃거나, 혹은 기절할 것 같이 느꼈습니까?	☐	☐
i	신체의 일부가 따끔따끔 아프거나 감각이 둔해졌습니까?	☐	☐
j	몸이 떨렸습니까?	☐	☐
k	죽는 것 같아 두려웠습니까?	☐	☐

평가결과

- '1. 불안에 관한 질문' 4가지 모두 '예'
  + '2. 가장 최근에 경험한 심한 불안발작에 대해 생각해 보십시오' 항목 중 4가지 이상 '예'
  → 공황장애일 가능성 높음
- 1.a.에 '예' + 1.b, 1.c, 1.d 중 하나에 '예'
  + 2.항목에 4가지 이상 '예'
  → 공황장애 가능

갑자기 숨이 답답하고 심장이 뛰고 죽을 것 같아요. 공황장애인가요

가슴이 답답한 것도
공황장애인가요

 어떤 분들은 가슴이 답답하게 느껴지는 것이 공황장애가 아니냐고 물어봅니다. 가슴이 답답하게 느껴지는 것은 실제로 몸에 문제

가 있을 때 또는 다양한 정신적인 문제들에 의해서도 생길 수 있는 증상이에요.

호흡기 심혈관계 등 신체적 원인을 먼저 찾아보는 것이 필요합니다. 만약 몸에 이상이 없다면, 흔한 정신적 원인으로 스트레스를 받았을 때 가슴이 답답하고 명치 끝이 체한 듯 뭉치고 답답한 신체 증상이 나타날 수 있어요. 스트레스를 받으면 우리 몸의 위협 대처 시스템이 작동하여 근육이 긴장하게 되어 가슴 답답함, 압박감, 명치 부위 긴장, 두통 등이 생길 수 있어요. 심장 박동도 빨라지고, 호흡도 얕고 빨라져 숨이 차는 듯이 느껴지기도 해요.

격하게 부부싸움을 하거나 직장 상사에게 심하게 스트레스를 받은 이후에는 이러한 신체적 증상이 마치 공황 발작처럼 나타날 수도 있어 공황장애로 오해하게 만드는 경우가 있어요. 하지만 전형적인 공황장애에서의 발작은 이러한 스트레스 상황과 무관하게 예상치 못하게 일어난다는 점에서 달라요. 예를 들어, 저녁을 먹다가 갑자기 공황 발작이 나타나거나, 자다가 깨어났을 때 갑작스럽게 공황 발작을 경험하는 경우는 전형적인 공황장애에서 흔히 나타나는 양상입니다.

또 어떤 분들은 물속에서 숨을 쉬는 것처럼 하루 종일 답답한데, 이게 공황장애가 아니냐고 물어보기도 해요. 불안을 피하려고 밖에 나가서 돌아다니는데, 사람들하고 어울리거나 놀면서 시간을 보내면 불안이 줄어들고, 집에서 청소하거나 다른 일에 집중해도 불안이 수그러든다고 합니다. 그러다가 아무것도 안 하고 있거나 혼자 있으면 이런저런 잡생각이 들면서 불안하다고 해요. 자식 걱정, 부모 걱정, 남편 걱정, 자신의 노후 걱정 등 끊임없이 걱정하고, 그러다 보니 잠도 잘 못 자고 입맛도 없다고 해요. 그러다가 암이 생기면 어떡하나, 약도 내성이 생기면 어떡하나 하면서 걱정거리가 점점 진화해요.

걱정을 안 하고 사는 사람이 있느냐고 간혹 반문하기도 하는데, 이 경우에는 걱정이 지나치고, 걱정을 안 하려고 해도 잘 떨쳐 낼 수가 없어요. 동시에 안절부절못하고 집중이 안 되고 예민해지고 결정을 잘 내리지 못하는 심리적 증상이 나타나고, 두통, 위장장애, 식은땀, 몸의 떨림, 불면, 근육통 등 긴장으로 인한 신체적 증상을 경험해요. 이런 경우는 범불안장애라고 해서 공황장애와는 다른 질환이지만, 범불안장애가 있는 분들은 공황장애가 같이 생기는 경우가 많아요.

어떤 분들은 공황장애를 쓰나미가 밀려오는 것에 비유해요. 그에 비해 범불안장애는 불안의 파도가 지속적으로 치기 때문에 항상 심리적·신체적으로 긴장하고, 쉽게 피로해지는 여러 가지 불편한 증상을 경험해요.

어떤 경우에는 피, 주삿바늘을 보거나 비둘기 등을 보고 불안 발작을 보이는 경우가 있습니다. 이처럼 특정 대상이나 상황에 대한 두려움을 보이는 것은 '공포증'이라고 불러요. 이것은 공황 발작과는 여러 면에서 다릅니다.[2]

공황 발작은 특별한 자극이 없음에도 불구하고 갑자기 발생하는 반면, 공포증은 두려운 대상이나 상황을 마주할 가능성이 있거나 실제로 마주했을 때 불안이 점차 증가하는 특징이 있어요. 그러나 공포증에서 나타나는 불안반응은 일반적으로 공황 발작보다는 약한 경우가 많지요.

또한, 공황 발작은 비교적 짧은 시간 내에 저절로 가라앉는 반면, 공포증에서의 불안 발작은 두려운 대상과 마주해 있는 동안 지속되며, 그 대상을 피하면 곧 사라져요. 이 때문에 공포증이 있는 사람들은 불안을 유발하는 대상이나 상황을 회피하며 일상에 적응해 나가는 경우가 많지요. 예를 들어, 비둘기에 대한 공포증이 있는 사람은 비둘기를 미리 피해 다니기 때문에 주변 사람들이 그 사실을 잘 알아차리지 못하는 경우가 많습니다.

공황장애, 더 자세히 알아봐요!

가슴 답답함, 꼭 공황장애일까?

- 가슴이 답답한 증상은 신체 질환(심장, 호흡기 등)이나 정신적 스트레스 모두에서 나타날 수 있어요.
- 스트레스를 받으면 근육이 긴장하면서 명치 끝이 뭉치고 답답하거나 숨이 차는 느낌이 들 수 있어요.
- 심한 스트레스 상황(예: 부부싸움, 직장 스트레스) 후에는 공황 발작처럼 느껴지기도 해요.
- 하지만 공황장애의 전형적인 발작은 스트레스 상황과 무관하게, 갑작스럽고 예고 없이 찾아오는 것이 특징이에요.

하루 종일 불안하고 숨이 막히는 듯한 느낌?

- 어떤 분들은 마치 물속에서 숨 쉬는 것처럼 하루 종일 답답하다고 느끼기도 해요.
- 혼자 있거나 멍하게 있을 때 불안이 심해지고, 청소나 대화처럼 주의가 분산되면 불안이 줄어드는 경우가 많아요.
- 계속되는 걱정과 불면, 식욕 저하, 예민함, 집중력 저하, 신체 긴장 증상 등이 동반되면 범불안장애일 가능성이 있어요.
- 범불안장애는 지속적인 걱정과 불안이 중심이며, 공황장애처럼 갑작스러운 발작보다는 만성적인 불안이 특징이에요.

공황장애 vs 범불안장애 vs 공포증

구분	공황장애	범불안장애	공포증
불안 발생	갑작스럽고 예고 없이	지속적이고 만성적	특정 대상/상황에서
주요 증상	숨 막힘, 심장 두근거림, 죽을 것 같은 공포	걱정을 멈추기 어려움, 집중력 저하, 긴장	대상 앞에서만 불안, 회피 행동
지속 시간	수분~20분 내 사라짐	장기간 지속	대상을 피하면 사라짐
대표적 특징	쓰나미처럼 갑작스러운 발작	파도처럼 계속 밀려오는 불안	특정한 공포 대상 존재

가슴이 답답한 것도 공황장애인가요

공황장애가 오고 기운이 빠지는데, 사람들이 우울하냐고 물어봐요

어떤 분들은 공황 발작이 지나간 후 항상 기운이 빠지고 무기력해진다고 해요. 맥이 풀린 모습을 보고 주변 사람들이 "우울한 것 아냐?"라고 물으면, 자신이 우울증에 걸린 것은 아닌지 걱정하기도 하지요.

공황 발작이 발생할 때는 숨이 차거나 심장이 뛰고, 어지러움 등의 신체 증상이 나타나면서 "숨을 못 쉬거나 심장마비로 죽는 것은 아닐까?" 하는 강한 불안이 뒤따릅니다. 가벼운 경우에는 약간 답답하고 심장이 두근거리는 정도로 불안이 느껴졌다가 금방 사라지기도 하지만, 심한 경우에는 쓰나미에 휩쓸리는 듯한 극심한 긴장과 공포를 경험하게 되지요.

따라서 공황 발작이 지나가고 나면 온몸의 긴장이 풀리면서 극심한 피로감과 무기력감을 느끼게 되는 거죠. 불안이 있는 사람들은 평소에도 긴장 상태를 유지하기 때문에 쉽게 피로해지고 무기력해질 수 있어요.

겉으로 보기에는 기운이 없어 보여 우울해 보일 수 있으나, 이는 우울증이라기보다는 불안으로 인한 신체적 소진 상태로 이해할 수 있어요.

물론 우울증에서도 기력이 빠지는 증상이 나타날 수 있어요. 우울증은 피로감, 기력 저하, 말과 행동이 느려지는 증상 외에도 두통, 위장장애, 신체 통증, 식욕 저하 등의 신체 증상을 동반할 수 있지요.

하지만 우울증에서는 이러한 신체 증상 외에도 기분 저하, 흥미와 즐거움 상실, 자기 비하, 죄책감, 절망감, 자살 사고 및 시도 등의 정서적 증상이 함께 나타나지요.

또한 짜증이 많아지거나 안절부절못하는 모습을 보이며, 집중력과 주의력, 기억력이 저하되어 업무 효율이 떨어지고 일을 미루게 되는 경향도 나타나지요. 대인관계를 피하거나 사회 활동을 줄이고, 취미생활을 포기하며 고립되는 경우도 많죠.

문제는, 공황장애를 겪는 사람 중 약 절반 정도가 평생 우울증을 경험할 수 있다는 사실이에요. 공황장애에 우울증이 동반될 경우 증상이 더욱 심각해지고, 지속 기간이 길어지며, 입원 치료가 필요할 가능성도 높아지지요. 또한 일상생활의 기능 저하, 자살 위험 증가 등으로 환자가 겪는 어려움이 커질 수 있어요.

공황 발작이 반복되면 증상의 고통뿐 아니라 운전이나 친구 만남 같은 사회적 활동이 제한되어 삶에 대한 스트레스가 더욱 심화되고, 이로 인해 우울증이 발생할 위험도 높아져요. 따라서 공황장애뿐만 아니라 우울증까지 적극적으로 치료하는 것이 중요합니다.

공황장애와 우울증은 어떻게 다른가요?

공황 발작 후 무기력함, 우울증일까?

- 어떤 사람들은 공황 발작 후 기운이 빠지고 무기력해지는 경험을 해요.
- 겉보기엔 우울해 보일 수 있지만, 대부분은 불안으로 인한 피로감이에요.
- 불안이 높은 사람들은 평소에도 긴장하기 때문에 쉽게 지치고 무기력해질 수 있어요.

우울증과의 차이점

구분	공황 후 무기력	우울증
원인	불안으로 인한 긴장 후 탈진	지속적인 기분 저하
감정	갑작스러운 불안, 죽을 것 같은 공포	우울감, 흥미 상실, 절망감
신체 증상	피로감, 무기력	피로, 식욕 저하, 두통, 소화 장애 등
기타	발작 후에 일시적으로 발생	장기간 지속, 자살 사고 가능

동시에 치료하는 게 좋은 우울증과 공황장애

- 공황 발작 후 무기력함은 자연스러운 반응일 수 있어요.
- 하지만 증상이 오래 지속되거나, 우울감·흥미 상실 등이 함께 나타난다면 우울증 여부도 함께 확인해야 해요.
- 공황장애와 우울증은 동시에 치료하는 것이 중요합니다.

심장마비나 뇌졸중인 것 같아요.
응급실로 가야 하나요

   60세 한화 씨는 두 달 전에 고혈압 진단을 받은 뒤로 합병증이 생기지 않을까 걱정이 많아졌어요. 그리고 나서부터 가슴이 답답하고, 심장이 뛰고, 어지럽고, 과호흡 같은 증상이 나타났다고 해요.
   뇌에 문제가 생긴 건 아닌가 걱정돼서 병원에 가서 MRI도 찍었지만 이상이 없다는 말을 들었고, 심장초음파 검사도 했지만 특별한 문제는 없었다고 해요.
   그런데도 여전히 뇌졸중이 올 것 같은 불안감과 쓰러질 것 같은 느낌을 자주 느꼈다고 해요.
   공황 발작은 가슴 두근거림이나 심장이 빨리 뛰는 증상, 가슴의 통증이나 불편감 같은 심장 관련 증상 외에도 숨이 가쁘고 답답한 느낌, 질식할 것 같은 느낌과 동일한 호흡기 증상 그리고 어지럽거나 멍해지거나 쓰러질 것 같은 신경계 증상도 함께 나타나요.
   또 손발이 저리거나 따끔거리는 감각 이상, 몸이 떨리거나 후들거리는 느낌, 식은땀, 속이 메스껍거나 배가 불편한 느낌, 춥거나 화끈거리는 느낌처럼 여러 가지 이상 감각이 동반되기도 해요.

그래서 공황 발작을 처음 경험한 사람들은 "심장에 문제가 생긴 것 아닐까?" "폐에 이상이 있는 건가?" "혹시 뇌졸중이 오는 건 아닐까?" 하는 걱정 때문에 119를 부르거나 응급실로 가게 되는 경우가 많아요.

공황 증상은 실제 신체 질환과 비슷하기 때문에 구별하기가 쉽지 않아요. 그래서 이런 증상이 있을 땐 공황장애라고 진단하기 전에 협심증, 천식, 심부전, 승모판 탈출증, 폐색전증 같은 병부터 먼저 확인해 보는 게 중요해요.

또 카페인을 과다하게 섭취하거나 담배를 많이 피우는 경우, 갑상선 기능 항진증이나 전정기관 이상이 있을 때도 공황 증상이 나타날 수 있어요.

몸에 특별한 이상이 없는데도 증상이 계속된다면, 그때는 공황장애를 의심해 볼 수 있어요.

공황 발작과 신체 질환은 증상은 비슷하지만 몇 가지 차이점이 있어요. 이를 참고하면 불필요하게 응급실을 찾는 일을 줄일 수 있겠죠.

✻ 공황 발작은 별다른 이유 없이 갑자기 나타나고, 대개 20~30분 내에 자연스럽게 사라져요. 반면, 신체 질환은 무리하거나 운동한 후에 서서히 증상이 나타나고 점점 심해지는 경우가 많

아요.

* 공황 발작에는 심한 불안이나 공포 같은 심리적 증상이 동반되지만, 신체 질환은 불안이 동반되지 않는 경우도 많아요.
* 공황 발작은 휴식을 취하거나 안심하면 호전되지만, 신체 질환은 시간이 지나도 쉽게 좋아지지 않거나 더 심해지는 경향이 있어요.

하지만 신체 질환이 있는 사람에게도 공황 증상이 함께 나타날 수 있다는 점을 꼭 기억해야 해요. 예를 들어, 호흡기 질환, 심혈관 질환, 과민성 대장증후군, 전정기관 이상, 갑상선 기능 이상, 만성통증, 편두통, 파킨슨병 등과 같은 질환을 앓고 있는 분들 중에도 공황장애를 함께 겪는 경우가 있어요.

이럴 때는 신체 질환 치료와 함께 공황장애도 같이 치료하면 삶의 질을 더 많이 높일 수 있어요.

마지막으로, "공황 발작이 올 때마다 응급실에 가야 할까요?"라는 질문에 대해서는 이렇게 말할 수 있어요.

앞서 이야기한 공황 발작과 신체 질환의 차이를 참고하되, 만약 평소와는 다른 새로운 증상이 나타났거나 뭔가 이상하다고 느껴진다면, 망설이지 말고 꼭 응급실에 가서 검사받는 게 좋아요.

자신의 몸을 너무 의심할 필요는 없지만, 필요한 검사는 미루지 말고 받는 게 안전해요. ✿

그래서 응급실을 갈까? 말까?

- 대부분의 공황 발작은 일시적이고 위험하지 않지만, 증상이 이전과 다르거나 처음 겪는 경우에는 반드시 응급실에서 확인받는 것이 안전해요.
- 불필요한 걱정은 줄이되, 필요한 검사는 미루지 마세요.

이게 다 갱년기 증상 때문에 생기는 건가요

공황 발작과 갱년기(특히, 폐경 전후) 증상을 구분하기는 쉽지 않아요. 둘 다 식은땀, 두근거림, 열감, 불면, 불안 등이 생길 수 있기 때문이죠. 하지만 몇 가지 차이가 있어요.

우선, **지속 시간이** 조금 달라요. 공황 발작은 보통 갑자기 찾아오며 몇 분 안에 불안이나 공포가 최고조에 달하고 10~20분 이내에 서서히 가라앉아요. 동시에 숨이 막히거나 죽을 것 같은 느낌, 심장이 심하게 뛰어서 어떻게 될 것 같다는 무서움이 같이 나타나요.

반면, 폐경으로 인한 열감이나 식은땀(소위 '갱년기 증상')은 호르몬 변화 때문에 생겨요. 갑자기 열이 올랐다가 곧 식는 식으로, 일정한 패턴을 보이는 경우가 많아요.

또한 공황 발작을 겪을 때는 "지금 당장 무슨 일이 일어날 것 같다."라는 강한 공포나 불안이 동반되는 경우가 많지만, 폐경으로 인한 증상은 극도의 공포보다는 **몸이 갑자기 확 달아오르고, 식은땀이**

나며, 그에 따른 짜증이나 답답함이 주를 이룹니다.

　추가로, 다른 증상도 살펴보면 도움이 돼요. 공황 발작은 손발 저림, 어지럼증, 비현실감(현실감이 떨어지고 내가 낯설게 느껴지는 현상) 같은 게 자주 생겨요. 폐경 증상은 질 건조, 월경 주기 변화(폐경 전후), 골밀도 변화 등 호르몬 관련 다른 문제가 함께 나타나기도 해요.

　결국 가장 확실한 방법은 정확한 검진과 상담이에요. 호르몬 수치(예: FSH, 에스트라디올 등)를 확인해 보면 폐경 시기인지 아닌지 어느 정도 짐작할 수 있고, 필요하다면 갑상선 검사나 심장 검사를 통해 비슷한 증상을 일으킬 수 있는 다른 질환이 있는지도 살펴볼 수 있어요. 또한 의료진과 대화를 나누며 증상이 나타나는 시간이나 상황, 그때 든 생각('죽을 것 같다.' 같은 극단적 불안인지, 아니면 '몸이 덥고 땀이 난다.'는 정도인지), 그리고 다른 신체 변화가 있는지를 종합적으로 확인하는 것이 중요해요.

　정리하자면, 공황 발작은 갑작스럽고 극도로 무서운 느낌이 빠르게 몰려오며, 짧은 시간 안에 최고조에 달하는 편이고, 폐경 증상은 주로 열감·식은땀처럼 호르몬 변화가 뚜렷한 특징을 지닙니다. 두 증상이 헷갈릴 수 있지만, 정확한 진단과 검사 그리고 증상을 기록하거나 비교해 보는 과정을 통해 좀 더 확실히 구분할 수 있으니, 불편이 계속되면 병원을 방문해 전문적인 평가를 받아 보는 것이 좋아요. ✿

제 증상이 폐경으로 인한 것인가요?

주요 차이점

1. 발생 양상과 지속 시간
- 공황 발작: 갑자기 시작, 10~20분 이내 최고조, 극심한 공포와 함께 숨 막힘과 죽을 것 같은 느낌을 동반해요.
- 폐경 증상: 호르몬 변화에 따라 주기적으로 나타나요. 열감과 식은땀이 일정한 패턴으로 반복되어요.

2. 정신적 증상
- 공황 발작: "지금 당장 무슨 일이 일어날 것 같다."라는 극도의 공포를 동반해요.
- 폐경 증상: 짜증, 답답함, 불편감이 주로 나타나요.

3. 동반 증상
- 공황 발작: 손발 저림, 어지럼증, 비현실감이 나타나요.
- 폐경기: 질 건조, 월경 주기 변화, 골밀도 저하 등 호르몬 관련 변화가 나타나요.

결론

- 공황 발작은 갑작스럽고 극심한 불안이 나타나요.
- 폐경 증상은 반복적이고 호르몬 변화에 따른 신체 반응이에요.
- 정확한 진단과 비교, 기록을 통해 구분 가능하며, 불편이 지속되면 병원 상담이 필요해요.

다른 사람들은 괜찮은데
나 혼자만 공황을 겪는 것 같아요

32세 수진 씨는 직장에서 회의를 하던 도중 첫 공황 발작을 경험했습니다. 처음에 그녀는 심장이 너무 조이고, 숨이 차고 심호흡을

할 수가 없어서 심장마비가 와서 죽는다고 생각하고 당황했습니다.

정신이 없고 무서워 응급실로 달려갔고, 이후 며칠 동안 또 그런 증상이 올까 봐 두려워하면서 지냈습니다. 수진 씨는 검사 결과 이상이 없다는 것을 확인하고, 공황장애에 대한 치료를 시작했습니다.

처음에 그녀는 스트레스를 잘 이겨 내지 못하는 자신의 나약한 성격 때문에 병이 생긴 것으로 생각했어요. 그러나 **약물치료**를 시작하고, **인지행동요법** 및 **호흡 훈련** 등을 통해 서서히 증상을 조절할 수 있게 되면서 공황장애가 인간이기에 누구나 걸릴 수 있는 흔한 정신질환이라는 것을 알게 되었습니다. 또한 공황장애 치료를 통해 호전된 그녀의 경험을 다른 사람들과 나눌 수 있게 되었지요.

전 세계적으로 볼 때, 공황장애는 살면서 **평생 100명 중 약 2명**이 걸릴 수 있는 흔한 정신질환이에요.[5]

2024년 대한불안의학회에서 2,000명을 대상으로 대국민 정신건강실태조사를 했는데, **공황 발작을 평생 동안 1차례 이상 경험해 본 국민은 응답자 중 26.8%**로 10명 중 3명 정도가 평생 한 번 이상 공황 발작을 경험할 정도로 흔하게 나타났어요.[6] 그중 최근 1년 사이에 1번 이상 공황 발작을 경험한 비율과 최근 1달 사이에 1번 이상 공황 발작을 경험한 비율이 각각 79.6%, 37.4%로 상당히 높았어요.

평생 동안 1차례 이상 공황 발작을 경험한 여성이 28.1%로 남성(25.4%)보다 2.7% 더 높았고, 그중 30대 여성 공황 발작 경험이 최다였는데, 성별과 나이를 고려했을 때 평생 1차례 이상 공황 발작을 경험한 국민은 30대 여성(33.7%)이 가장 높았어요. 그다음이 20대

여성(31.9%), 30대 남성(31.4%) 순으로 높게 나타나 **젊은 세대에서 공황 발작을 경험한 비율이 많은 것을 알 수 있어요.**

건강보험심사평가원에서 2017년부터 2021년까지 5년간 불안장애 진료현황 분석 자료에 따르면, 2017년에 비해 2021년에 불안장애 환자가 32.3% 대폭 증가했는데, 20만 명의 환자가 공황장애로 진료를 받았어요.[7] 문제는 특히 10대에서 30대가 반수 이상 증가했다는 사실인데, 이는 우리나라 젊은이들의 정신건강 개선을 위해 적극적인 개입이 필요하다는 뜻이에요.

이처럼 공황장애는 누구나 흔하게 경험할 수 있는 병인데, 이렇게 힘든 증상을 경험하면 사람의 마음은 나 혼자만 이런 힘든 경험을 한다는 식으로 바뀌면서 마음을 닫는 특성이 있어요. 이럴 때 좌절하지 말고 나 말고도 **공황장애를 겪고 있는 사람이 많다는 사실을 인식하고 적극적으로 치료에 나선다면 오히려 이전보다 더 건강해질 수도 있을 거예요.** ❀

걱정하지 마세요!

- 공황장애는 누구나 흔하게 겪을 수 있는 질환이에요.
- 하지만 혼자만 겪는다고 생각하며 마음을 닫기 쉬운 특성이 있어요.
- 중요한 건 좌절하지 않고 치료에 적극적으로 나서는 것이며, 그렇게 하면 오히려 이전보다 더 건강해질 수 있어요.

다른 사람들은 괜찮은데 나 혼자만 공황을 겪는 것 같아요

연예인들은
공황장애가 더 많은가요

    공황장애로 치료를 받고 있다는 연예인의 사례가 자주 알려져서 "연예인은 공황장애가 더 많다."라고 인식할 수 있지만, 실제로는 **일반인 가운데서도 꽤 많은 분이 공황장애를 겪어요**. 일반인의 경우에는 낙인이나 오해받기 싫어서 증상을 숨기거나 참고 넘기는 경우가 많아서 **통계상 '감춰진'** 환자가 있을 수 있어요.

    연예인의 경우, 대중의 관심을 많이 받고 공개적으로 활동하기 때문에 공황장애를 고백했을 때 뉴스나 인터뷰로 알려져서 노출 효과로 인해서 빈도가 더 높아 보이는 거예요. 하지만 일반적으로 대중의 관심과 비판, 공연 및 일정 압박 등 불규칙한 일정, 성과에 대한 압박 등 스트레스가 매우 높고 불규칙한 생활을 하게 되는 직업적 특성이 공황장애에 영향을 줄 수는 있어요. 그렇지만 심리·환경 요인은 사람마다 달라서, 직업보다도 개인 성향, 스트레스에 대처하는 방식, 과거 트라우마, 유전적 요인 등이 복합적으로 작용해요.

이전에는 공황장애로 진단받더라도 주변에 공개하지 않는 분들이 많았는데, 요즘에는 연예인들 덕분에 공황장애를 드러내고 치료에 잘 임하는 환자분들이 많이 늘어나고 있는 것은 긍정적인 효과에요. 만약 증상이 의심된다면 직업과 관계없이 전문가 상담이나 치료를 통해 조기에 관리하는 것이 중요합니다. ✿

공황장애, 연예인만의 병일까?

- 공황장애는 일반인에게도 흔한 질환이지만, 연예인은 노출 효과로 인해 더 자주 보이는 것처럼 느껴져요.
- 과거에는 공황장애를 숨기는 경우가 많았지만, 요즘은 연예인들의 공개로 인해 치료를 시작하는 사람도 많아졌어요.
- 직업과 관계없이, 증상이 의심되면 전문가 상담과 조기 치료가 중요해요.

Part 2

공황장애 환자의 생각과 행동의 이해

- 공황 발작이 오면 무서워서 어떻게 해야 할지 모르겠어요
- 치료를 하다 보니 제가 과도하게 생각한다는 것을 알게 되었어요
- 정신병자나 걸리는 것 아닌가요
- 공황 발작이 올까 봐 무서워서 지하철을 못 타요
- 꽉 끼는 바지도 입고 숨이 찰 때까지 달리기도 해요
- 공황 발작에 미리 대비하고 사는 게 뭐가 문제죠
- 주머니에 항상 비닐 백하고 비상약을 챙겨 다녀요

공황장애 환자는 발작이 일어날까 봐 두려워 회피 행동을 보입니다.
그러나 회피는 일시적 안정감을 줄 뿐,
장기적으로 불안을 강화하고 일상생활에 제약을 줍니다.
치료는 공황 발작이 실제로 위험하지 않다는 것을 경험을 통해 깨닫고,
회피 및 안전행동을 줄이며,
불안에 대처하는 능력을 기르는 데 중점을 둡니다.

공황 발작이 오면 무서워서
어떻게 해야 할지 모르겠어요.

 안녕하세요, 연지 씨. 최근 겪으신 증상에 대해 말씀해 주시겠어요?

네. 식당에서 밥을 먹다가 갑자기 배가 빵빵해지고 밥을 먹기가 너무 힘들었어요. 심장이 벌렁거리고 숨쉬기가 힘들어서 헉헉거리며 숨을 들이마셨거든요. 그러다 눈앞이 깜깜해지고 주변이 잘 안 보이더라고요. 어지럽고 쓰러질 것 같아서 너무 아찔했어요.

 정말 놀라셨겠어요. 그때 다른 증상도 있었나요?

네. 너무 무서워서 다리가 떨리고 온몸이 후들거렸어요. 손도 떨려서 들고 있던 숟가락을 내려놓을 수밖에 없었어요. 겨우 식당 밖으로 나가서 심호흡하며 정신을 차리려고 했어요.

 많이 무서우셨겠어요. 이런 증상이 다른 때에도 있었나요?

네. 자다가 갑자기 깨서 숨이 막히고 죽을 것 같은 느낌이 들 때도 있어요. 그럴 땐 너무 무서워서 어떻게 할 수가 없어서 거실을 왔다 갔다 하기도 하고요. 창문을 열고 바람을 쐬면 조금 가라앉기는 해요.

 그럴 때 다른 대처를 해 보신 적도 있나요?

어지럽고 혈압이 높은 것 같아서 혈압을 측정해 보기도 하고, 손가락에 수지침을 놓기도 해요. 그러다 보면 좀 나아지는 것 같기도 하고요. 선생님, 공황 발작이 올 때마다 너무 무섭고, 어떻게 해야 할지 몰라서 그냥 도망치거나 숨기만 해요. 도와주세요. 이런 상황에서 제가 할 수 있는 방법이 있을까요?

네, 연지 씨. 우선, 공황 발작은 매우 무서운 경험일 수 있지만, 불안은 항상 오고 가는 감정이라는 점을 아는 것이 중요합니다.

그런데 저는 불안이 생기면 너무 강렬해서 멈추지 않을 것 같아요.

 맞아요. 불안하면 더 그렇게 느껴지죠. 그렇지만 불안이라는 것도 감정의 하나인데, 인간은 감정을 경험하지만, 이러한 감정은 생겼다가 좀 있으면 사라지죠. 불안도 마찬가지입니다. **불안이 생기면 억지로 없애려 하지 말고, 가만히 지켜보는 연습**을 해 볼 수 있을까요?

그냥 지켜보기만 하면 되는 건가요?

 불안을 문 앞에 선 반갑지 않은 손님이라고 생각해 보세요. 문을 억지로 닫으려 하지 말고, 그냥 열어두세요. 그러면 불안은 방 안을 어지럽게 돌아다니다가 제풀에 지쳐 나갈 겁니다.

그렇게 해 볼게요. 그런데 너무 불안할 때 할 수 있는 다른 방법이 있을까요?

불안이 너무 강렬할 때는 착지하기Grounding라는 방법을 쓸 수 있어요. 지금 이 순간에 집중하도록 돕는 방법입니다. 마치 발이 땅에 닿는 것처럼 감각을 지금-여기의 경험에 주의를 돌려서 현실은 안전하다는 것을 알아차리는 방법이에요.

어떻게 하는 건가요?

 예를 들어, '몸눈귀코입 기법'을 활용해 보세요. 먼저, 몸으로 느낄 수 있는 5가지 감각을 확인합니다. 엉덩이가 의자에 닿는 감각, 발바닥이 바닥에 닿은 감각을 느껴 보고, 손으로 책상을 만져 보고, 옷에 닿는 촉감을 느껴 보고, 손에 닿는 물건을 만져 봅니다. 그리고 눈에 들어오는 5가지 물건을 찾아 차례로 이름을 붙입니다. 그다음에는 들리는 소리 중 3가지에 차례로 이름을 붙여 봅니다. 그리고 코로 맡을 수 있는 2가지 냄새에 이름을 붙이고, 마지막으로, 느낄 수 있는 1가지 맛을 찾아 이름을 붙여 봅니다. 이렇게 하면 불안에서 벗어나 지금-여기에 머무를 수 있어요. 그 외에도 다양한 착지하기 기법이 있으니, 인터넷 등을 검색해서 본인에게 맞는 방법을 찾아보는 것도 도움이 될 것입니다.

그 방법도 도움이 될 것 같아요. 그런데 몸이 너무 떨리거나 긴장될 때는 어떻게 하나요?

 그럴 땐 '근육이완 훈련'을 해 보세요. 예를 들어, 양손을 세게 쥐었다가 천천히 이완해 보세요. 그런 다음, 팔, 어깨, 다리 근육으로 점차 옮겨 가면서 긴장과 이완을 반복해 보세요. 이런 훈련은 몸의 긴장을 푸는 데 큰 도움이 됩니다. 유튜브 등에서 '이완 훈련' '근육이완 훈련' '점진적 근육이완 훈련'이라고 검색하시고, 관련 영상을 참고하시면 도움이 될 거예요.

숨이 가빠질 때는요? 숨을 쉬기조차 힘들 때가 있어요.

 그럴 때는 '복식호흡'이 유용합니다. 한 손은 배에, 다른 손은 가슴에 올리고 배가 부풀어 오르도록 숨을 천천히 들이쉬세요. 그리고 숨을 내쉴 때 배가 들어가는 것을 느껴 보세요. 숨을 들이쉬는 것보다 내쉴 때 좀 더 길게 하도록 하면서 몸이 편안해지는 것을 느껴 보세요.

알려 주신 방법들을 평소에도 연습하면 도움이 될까요?

 물론입니다. 평소에 연습을 많이 할수록 실제 공황 발작이 왔을 때 대처하기가 더 쉬워져요. 그리고 중요한 점은 이 방법들을 공황 발작에서 도망가기 위해 사용하는 게 아니라, 공황 발작이 올까 봐 겁이 나는데도 불구하고 우리가 원하는 일상생활을 하기 위해 사용하는 거예요. 예를 들어, 친구를 만나러 가면서 혹은 쇼핑을 하면서도 대처하는 연습을 해 보세요.

네, 선생님. 오늘 알려 주신 방법들 꼭 연습해 볼게요.

 잘하실 겁니다. 어려운 점이 생기면 언제든 말씀해 주세요.

공황 발작 대처 방법

불안은 일시적이라는 점을 이해하기

- 불안은 감정의 하나로, 시간이 지나면 자연스럽게 줄어들어요. 억지로 없애려 하기보다는 감정을 관찰하며 흘려보내는 연습을 해 보세요.

'착지하기 Grounding 기법' 사용하기

- '몸눈귀코입 기법'을 해 보세요.
  ① 5가지 느껴지는 감각 확인
  ② 4가지 보이는 물건을 찾아 이름 붙이기
  ③ 3가지 들리는 소리 이름 붙이기
  ④ 2가지 냄새 확인
  ⑤ 1가지 맛에 집중하기

'근육이완 훈련' 연습하기

- 손이나 팔에 힘을 주었다가 천천히 이완시키는 방식으로 전신의 근육을 단계적으로 긴장시키고 풀면서 이완시켜 보세요.

복식호흡 연습하기

- 한 손은 배에, 다른 손은 가슴에 두고 배를 부풀리며 숨을 들이쉬고, 천천히 내쉬어 보세요. 숨을 천천히 내쉬면서 이완하는 몸을 느껴 보세요.

일상생활 유지하기

- 공황 발작을 피하려 하기보다는 대처하면서도 일상적인 활동을 유지하세요. 예를 들어, 친구를 만나거나 산책을 하면서 연습하는 것이 좋아요.

공황 발작이 오면 무서워서 어떻게 해야 할지 모르겠어요.

치료를 하다 보니 제가 과도하게 생각한다는 것을 알게 되었어요

    공황장애는 갑작스러운 극도의 불안이나 공포가 몰려오고, 심장 박동이 빨라지거나 숨이 막히는 것 같은 강렬한 신체 증상이 동반되는 것이 특징입니다. 이런 공황 발작을 반복적으로 경험하면서, 많은 환자가 잘못된 생각의 패턴에 빠져요. 이러한 인지 왜곡이 어떻게 나타나고, 환자의 삶에 어떤 영향을 미치는지, 치료 과정에서 왜 중요하게 다루는지, 그리고 어떻게 교정할 수 있는지를 환자의 실제 예를 들어서 쉬운 말로 정리해 보겠습니다.

    30세인 연하 씨는 출퇴근 시간에 지하철을 탈 때마다 공황 발작이 찾아올까 봐 심하게 두려워해요. "만약 지하철에서 발작이 나면 숨도 못 쉬고 쓰러져서 다른 사람들이 모두 비웃을 거야. 아무도 날 구해 주지 않으면 어떡하지?"라는 생각이 머릿속에서 계속 맴돕니다. 이때 연하 씨가 보이는 두 가지 전형적 인지 왜곡을 살펴볼 수 있어요.

첫째, "지하철에서 발작이 나면 반드시 끔찍한 결과로 이어질 거야."라는 '재앙화 사고'입니다. 실제로는 공황 발작이 일어나도 대부분의 사람은 일정 시간이 지나면 저절로 진정되고, 주변인이나 119의 도움을 받을 수도 있죠. 하지만 연하 씨의 머릿속에는 이 상황이 '쓰러진다든지, 사람들이 비웃는다든지, 아무도 구해 주지 않는다든지.' 하는 '극단적 시나리오'로 부풀려져 있어요. 이런 최악의 상황을 가정하고 실제로 그것이 일어날 것이라고 믿는 것을 '재앙화 사고'라고 불러요.

둘째, "사람들이 많으면 답답하니, 지하철 안에서 발작이 일어날 거야."라는 공황 발작이 발생할 가능성이 굉장히 높다고 생각하는 '위험에 대한 과다추정'이에요. 공황 발작이 나타날 수도 있지만, 실제로는 연하 씨가 생각하는 것만큼 나타나지 않을 수 있어요. 실제로 연하 씨는 이후에도 지하철을 타고 조금 답답하기는 했지만 공황 발작까지는 없이 출퇴근을 하기도 했어요. 그러나 연하 씨의 마음속에서는 작은 가능성도 실제보다 훨씬 크게 느끼게 됩니다.

일반적으로 사람은 위험한 상황을 피하려 하죠. 연하 씨 같은 경우 이전에는 출퇴근 시간에 지하철을 타는 것을 꺼리면서, 더 먼 길을 돌아서 버스만 타거나 택시를 이용했어요. 이런 회피 행동은 곧 시간과 경제적 부담을 늘리고, 일상생활에도 큰 제약을 줍니다. 불안한 장소나 상황도 점차 늘어나게 되는데, 처음에는 지하철에서만 불안하던 연하 씨가 점차 버스나 붐비는 식당, 영화관 등 '닫힌 공간'을 전부 두려워하게 될 수도 있어요. "여기서도 혹시 발작이 나면 어쩌지?" 같은 생각이 커지면서, 불안의 범위가 점점 넓어지고 삶이 제한됩니다.

그러면서 "나는 이런 일도 못 견디는가 봐." "나는 정신적으로 나약해."라며 자신을 부정적으로 평가하면서, 자존감도 낮아지고 대인관계나 직장 생활에도 악영향을 미칩니다. 다른 사람과 비교해 "내가 비정상인가?"라고 자책도 해요. 본인이 경험하는 불안을 털어놓지 못해서 고립감을 느끼거나, 반대로 가족이나 친구들에게 지나치게 의존하려는 경우가 생길 수도 있어요. 어느 쪽이든 정상적인 사회생활과 관계 맺기를 어렵게 만듭니다.

공황장애를 치료할 때 중요한 것 중 하나는 "공황 발작이 실제로 '내가 생각하는 것만큼 위험하지 않다'는 점을 배우면서, 그 두려움을 줄여나가는 것"입니다. 연하 씨는 이전에는 본인이 생각하는 것이 당연하다고 생각하였지만, 치료 과정을 통해서 본인이 실제보다 과도하게 생각한다는 것을 알게 되었어요. 지하철을 탈 때도 이제는 "이건 죽을 만큼 위험하지 않아. 불안이 올라올 수는 있지만 시간이 지나면 가라앉을 거야."라는 비교적 현실적인 시각을 갖게 되었어요. 이 과정에서 인지 왜곡이 개선되면서 연하 씨는 엘리베이터나 붐비는 백화점에도 점차로 자신을 노출하기 시작했어요. 이런 긍정적 사고의 전환을 통해 공황으로 인하여 제한되었던 활동을 점차 늘리게 되면서 연하 씨의 삶의 질은 매우 개선되었어요. ❁

인지 왜곡과 공황장애 치료

'인지 왜곡'이란?

- 현실을 사실 그대로 보지 못하고, 과장되거나 왜곡된 방식으로 해석하는 사고 패턴이에요.
- 재앙화 사고: 실제보다 훨씬 끔찍한 결과를 상상하고 그것이 반드시 일어날 것처럼 믿는 사고방식이에요.
- 위험 과대평가: 실제로 일어날 가능성은 낮지만, 위험한 일의 발생 가능성을 과도하게 크게 느끼는 거예요.

치료의 핵심

- '공황은 내가 생각하는 것만큼 위험하지 않다'는 사실을 체득하여 인지행동치료로 생각의 오류를 바로잡고, 현실적으로 받아들이는 연습이 필요해요.
- 공황장애는 잘못된 인지와 생각의 습관이 핵심이에요.
- 인지 왜곡을 인식하고 교정하는 치료를 통해 두려움을 줄이고, 일상을 회복할 수 있어요.

정신병자나 걸리는 것 아닌가요

> 30대에 심장이 뛰어서 병원에 가서 심장초음파 검사도 했는데 아무 이상이 없었어요. 이런 문제로 제가 정신과 치료를 받는다는 생각 자체를 해 본 적이 없어요.

> 왜요?

> 왜냐면, 모르겠어요. 그때는 제가 정신병이라는 생각을 해 보지 않았으니까. 10년 동안 그렇게 심하지는 않았는데, 한 달 전부터는 불안하고 초조하고 미치고. 불안하면 막 화장실도 가요. 내가 오줌이 마렵다, 오줌이 마렵다, 그러면 문도 못 열고, 막.

여러 가지 검사를 해도 몸에 이상이 없다면 정신적인 문제를 한번 생각해 볼 수도 있지 않을까요? 정신적인 문제라 해서 무슨 정신병이라는 뜻은 아니구요.

정신병이 아니면 제가 왜 이러는 건가요?

 공황장애는 불안과 공포를 인식하고 조절하는 공포의 뇌 회로가 있는데, 이 회로가 고장 난 거라고 이해하면 쉬워요. 그러면 이 회로에 연결되어 있는 교감신경계가 작동해서 심장이 뛰고 호흡곤란이 오고 어지러운 등등의 증상이 생기는 겁니다. 실제로는 위험한 일이 없는데도 불구하고, 뇌의 투쟁-도피 회로 스위치가 켜져 버리니, 무언가 위험한 일이 생기는 게 아닌가 우리가 오해하게 되는 거지요. 예를 들어, 화재경보기가 켜져서 비상벨 소리가 날 때, 오작동이라는 사실을 모르면 우리는 화재가 났다고 생각하고 무서워하는 것과 같은 이치죠.

맞아요. 진짜로 불이 나지 않아도 경보기가 작동해서 때르릉 소리가 나면 놀라서 무서워져요.

 불이 나지 않았는데 경보기가 오작동해서 켜지는 것처럼, 우리한테 실제로는 아무런 위험한 일이 없는데도 공포회

Part 2 • 공황장애 환자의 생각과 행동의 이해

로가 오작동해서 켜지니까, 우리는 무슨 위험한 일이 있어 도망가야 하나 하고 두려움을 느끼게 되는 거지요.

뇌 회로가 오작동해서 조절이 안 되는데 치료가 되는 건가요?

 뇌의 여러 가지 신경전달물질의 활동으로 우리의 불안이나 공포가 생기기도 하고 조절되기도 한다는 사실이 어찌 보면 흥미롭기도 하고, 어찌 보면 사람의 감정을 약물로 조절한다는 것이 말이 되나 하겠지만, **불안이나 공포가 약물로 조절되는 것은 사실입니다.**

그러면 친구들이 물어보면 뇌의 불안회로가 조절이 잘 안 되서 투쟁-도피 반응 스위치가 오작동해서 그런 거다, 그래서 교감신경계가 일을 너무 많이 해서 그런 거다, 라고 이야기하면 되겠네요?

 네. 정확히 맞는 말입니다. 뇌의 투쟁-도피 회로가 비정상적으로 작동하는 것인데, 이는 내가 정신병에 걸렸거나 나약하기 때문에 그런 것은 아니라는 뜻입니다. 누구나 이런 뇌의 기능적 이상이 생길 수 있다는 사실을 이해하고, 또 공황장애로 힘들어하는 사람이 있다면 이겨 낼 수 있도록 도와주고 응원해 주어야 하는 일이지요.

공황장애란? 뇌의 오작동!

- 공황장애란 공포를 조절하는 뇌 회로가 오작동하여 실제 위험이 없음에도 신체 증상이 생기는 것으로 마치 화재경보기 오작동처럼 뇌가 잘못된 위험 신호를 보내는 것과 같아요.
- 뇌의 투쟁-도피 회로가 오작동해서 교감신경계가 과잉 반응하는 거예요. 그래서 약물로 조절이 가능해요.

공황 발작이 올까 봐 무서워서 지하철을 못 타요

　호흡곤란이나 심장이 뛰고 죽을 것 같거나 정신을 잃을 것 같은 공황 발작은 보통 우리를 두렵게 만듭니다. 공황 발작은 특별한 자극이 없이, 또 예고도 없이 밀려오기 때문에 공황 발작을 한번 경험하면 또다시 공황 발작이 올까 봐 두려워지고 공황 발작을 경험했던 상황, 활동이나 장소를 피하게 되는 것은 어쩌면 당연한 결과일 것입니다.

　예를 들어, 대중교통이나 고속도로, 터널을 피하려 하고, 쇼핑몰이나 붐비는 장소를 피하고, 만나자는 친구와의 약속도 기피하는 등의 회피 행동이 생기게 됩니다. 공황 발작을 경험한 이후에 가족들이나 친구들에게 이야기를 하지 않고 숨기는 경우도 많은데, 공황 발작에 대한 예기불안으로 인해 회피 행동이 생기면 가족들이나 친구들이 의아하게 생각하기도 합니다.

　회피 행동은 일시적으로 불안을 줄이는 효과는 있지만, 공황 발작은 위험한 것이고 어찌할 수 없는 것이기 때문에 피해야 한다는 생각의 오류를 계속 유지하는 역할을 해요. 즉, 공황 발작이 일어날 수 있는 상황을 계속 피해 다니기 때문에 겉으로는 괜찮아 보이지만, 마주치지 않아서 괜찮은 것처럼 느낄 뿐이죠. 이것은 비둘기 공포증이 있는 사람이 비둘기가 없는 곳만 골라 다니기 때문에 괜찮아 보이지만, 어쩌다 비둘기를 만나게 되면 무서워하는 것과 같은 이치입니다.

어떤 분들은 그러면 무서운 상황을 항상 피해 다니면 되지 뭐가 문제냐고 반문하기도 합니다. 만약에 평생 피해 다닐 수만 있다면 그럭저럭 지낼 수는 있을 것입니다. 하지만 그로 인한 손해가 크죠. 어떤 분은 터널에서 공황 발작을 경험했기 때문에 출근할 때마다 터널을 피해서 빙 돌아서 출근을 하기도 하고, 어떤 분은 지하철에서 공황 발작을 경험했기 때문에 지하철도 간신히 타고, 설령 탄다고 해도 바로 내릴 수 있는 문 앞에 항상 서서 가기 때문에 출근 자체가 이만저만 힘든 게 아니라고 합니다. 어떤 주부는 사람이 많은 곳에서 경험한 공황 발작이 너무 무서워 사람이 많은 곳에 가지 않고, 장을 보려고 해도 나갔다가 공황 발작이 올까 봐 10년 동안 집 앞에 있는 슈퍼마켓만 가서 장을 보고 다른 곳은 가지도 않았다고 합니다.

어떤 분은 비행기에서 공황 발작이 올까 봐 부부끼리 외국 여행을 한 번도 가지 않고, 가족끼리 가는 외국 여행도 혼자만 가지 않았다고 해요. 이처럼 공황장애를 오래 경험한 분들은 불안을 피하면서 나름대로 근근이 적응하면서 살아가는 경우가 많습니다.

그러나 문제는 이러한 회피 행동이 지속되면, 공황과 공포가 숨은 채로 그대로 계속 남아 있게 된다는 사실이에요. 결과적으로, 대인관계, 일, 활동 등이 제한되면서 일상생활에 지속적인 지장을 초래하고 어려움을 계속 유발해요. 🌸

공황 발작과 회피 행동의 영향

- 회피 행동은 일시적으로 불안을 줄이지만, '공황은 피해야만 하는 위험한 것'이라는 잘못된 믿음을 강화시켜요.
- 실제로는 괜찮아진 게 아니라 마주치지 않았을 뿐, 회피 행동이 지속되면 불안은 사라지지 않고 숨어 있게 되며, 일, 인간관계, 활동의 범위가 점점 줄어들고 삶의 질이 떨어지며 지속적인 어려움을 겪게 됩니다.

꽉 끼는 바지도 입고
숨이 찰 때까지 달리기도 해요

　회피 행동을 극복하기 위해서 노출 훈련을 합니다. 공황장애를 잘 치료해 가면 실제로 공황 발작이 크게 줄어듭니다. 그러나 "공황 발작이 다시 올 수 있어."라거나 "공황 발작이 오면 어떻게 하지 못할 거야."라는 부정적인 생각은 그대로 있는 경우가 많죠.

　쉽게 말하면 무섭다는 생각을 계속하는 것이죠. "공황 발작이 또 일어날 거야."라거나 "공황 발작이 엄청 심할 거야."라는 부정적인 예상이 실제로는 들어맞지 않는다는 것을 경험해 보아야만 그런 생각이 바뀌겠죠.

　그러기 위해서는 **공황 발작이 생길 것이라고 예상되는 상황에 자신을 노출해 보아야 합니다.** "지하철을 다시 타 보아도 생각한 것처럼 공황이 심하게 일어나지 않네?" 하는 것을 경험해 보는 것이죠. "터널을 지나가 보니 그런대로 지나갈 만하더라. 그러니 이제 출근할 때 빙 돌아가지 말고 지나가 봐야겠다." 하고 생각이 바뀌는 것이지요.

    이렇게 상황을 피하지 말고 계속 노출해 보면 두렵다는 생각이 바뀌고, 실제 공황이 그렇게 무섭지 않고 견딜만 하다는 것을 알게 됩니다. 노출할 때는 치료자와 노출 훈련을 어떻게 할지 준비를 잘 해서 하는 것이 좋아요. 너무 처음부터 힘든 상황에 노출하면 오히려 무서움이 더 커질 수가 있어 역효과를 불러올 수도 있으니까요. 신체 질환이 있는 경우에는 어떤 노출 훈련을 할 것인지를 치료자와 잘 상의하는 것이 필요해요.

    다음의 만화 속 환자분은 놀랍게도 스스로 일상생활에서 노출훈련을 시도하고 있어요. 그러면서 일상생활의 제약으로부터 점차 벗어나 호전되어 가는 과정을 잘 보여 줍니다. 🌸

Part 2 · 공황장애 환자의 생각과 행동의 이해

꽉 끼는 바지도 입고 숨이 찰 때까지 달리기도 해요

공황장애와 노출 훈련

- 공황장애가 치료되면 발작은 줄지만, "다시 발작이 올 것 같다." 하는 부정적인 생각은 남아 있는 경우가 많아요. 이를 극복하기 위해서는 예상되는 상황에 직접 노출되는 훈련이 필요해요.
- 노출 경험을 통해 실제 공황이 생각만큼 심하지 않다는 걸 체험하게 되고 두려운 생각이 점차 줄어드는 효과가 있어요.
- 단, 무리한 노출은 오히려 불안을 악화시킬 수 있어서 치료자와 계획적으로 진행해야 하며, 신체 질환이 있다면 적절한 조정이 필요해요.

공황 발작에 미리
대비하고 사는 게 뭐가 문제죠

어떤 환자분들은 외출할 때 항상 가족이나 친구 등 안전하게 느껴지는 사람을 데리고 나가고, 공황 발작이 올 때를 대비해서 물이나 약을 미리 챙기기도 해요. 평소 심장이 빨리 뛰는지 수시로 맥박을 확인하기도 하고, 혈압이 높은지 혈압을 자주 재요. 어떤 분들은 카페나 음식점에서 공황 발작이 올 때 빨리 피하려고 문이 가까운 쪽에 앉기도 해요. 이러한 것을 안전 행동이라고 하는데, 공황 발작이나 심각한 불안을 피하려고 하는 일시적인 대처 방식이에요.

이런 행동들은 처음엔 "이러면 안심이 되겠지." 하는 심리적 안정감을 주지만, 장기적으로는 불안을 직접 마주하면서 스스로 이겨낼 기회를 빼앗아 버려요. 그래서 "안전 행동을 안 했으면 큰일 났을 거야." "안전 행동을 해서 불안하지 않은 거야."라는 잘못된 믿음이 더욱 굳어지게 됩니다. 결과적으로, "내가 직접 겪어 보니 그 상황이 생각만큼 위험하지 않더라."라는 걸 깨달을 기회를 놓치게 되

죠. 이렇게 되면 장기적으로 공황 발작에 대한 두려움이 줄어들지 않고 계속 유지되는 문제가 생겨요.

실제로 공황장애는 불안한 상황에 조금씩 노출하고, 그 과정에서 "아, 막상 해 보니 이게 생각만큼 진짜 위험하지는 않구나."라고 생각을 바꾸는 것을 배우는 게 치료의 핵심이에요. 그런데 안전 행동에 의존하면 이 중요한 노출 과정을 제대로 해내기 어렵겠죠. 예를 들어, 혼자 있어도 견딜 수 있다는 사실을 몸으로 익히려면 혼자 있어 볼 시간이 필요한데, 항상 누군가와 같이 있으면 그 생각이 틀렸다는 사실을 확인해 볼 수가 없겠죠. 그래서 공황장애를 극복하려면, **노출 훈련**을 하는 것뿐만 아니라 안전 행동을 단계적으로 줄여 가는 것도 정말 중요합니다.

물론 한 번에 전부 고치기는 쉽지 않으니, **조금씩 시도**하면서 스스로 괜찮다는 걸 확인해 보면 좋아요. 그렇게 천천히 시도하다 보면, "나도 해낼 수 있구나!"라는 자신감을 얻게 되고, 점차 불안이나 공황 발작에 대한 두려움도 줄어들게 됩니다. 결국 안전 행동에 덜 의존하게 되면, 공황장애가 나아지고 "내 힘으로 상황을 이겨 낼 수 있다."라는 믿음이 더 커지게 될 거예요.

안전 행동의 문제점

- 단기적으로는 안심이 되지만, 장기적으로는 스스로 불안을 이겨 낼 기회를 빼앗고 "안전 행동 덕분에 괜찮았다."라는 잘못된 믿음을 강화시켜요. 결과적으로, 공황에 대한 두려움이 계속 유지되는 문제가 있어요.
- 치료 핵심은 불안한 상황에 점진적으로 노출하고, "생각보다 위험하지 않다."라는 것을 직접 경험하는 것이 중요합니다. 이를 위해 안전 행동을 줄여 나가는 연습이 필요합니다.

주머니에 항상 비닐 백하고 비상약을 챙겨 다녀요

> 공황은 정말 딱 비닐을 머리에 쓰고 있는 그 느낌이에요. 공황이 올 때 숨이 찬 증상은 그냥 답답한 숨이 차는 게 아니에요. 설명할 수가 없어요. 느껴 본 사람만이 알죠. 그러니까, 이렇게 비닐을 둘러쓰고 있는 느낌? 내가 숨을 쉬는데도 안 쉬어지는 느낌이에요. 그래서 항상 비닐 백하고 비상약을 챙겨 다녀요. 다음 달에 가족들과 여행을 가 보려고 하는 데, 이번에는 처음으로 비행기를 한번 타 보려고 해요. 선생님은 그냥 가라고 하시지만 저는 비상약을 가지고 가야 할 것 같아요.

공황 발작의 흔한 증상 중 하나가 **호흡곤란**인데, 숨이 차면 숨을 못 쉴까 봐 무서워서 오히려 **과호흡**을 하는 경우가 많습니다. 과호흡을 하면 몸 안의 이산화탄소가 줄어들게 되고 뇌혈관의 수축을 일으켜

피가 적게 가게 되는데, 그래서 어지럽거나 머리가 핑 돌아 쓰러질 것 같은 느낌이 생깁니다. 심장도 빨리 뛰게 되고, 손발이 저리거나 따끔거리는 현상도 발생하죠.

이런 증상들은 공황장애 때문에 생기는 것이 아니고 과호흡 때문에 생기는데, 사람들은 공황 발작 때문이라고 흔히 오해하고 무서워해요. 공황이 오면 숨을 못 쉬어 죽을 것 같은 느낌이 드는데, 이는 불안이 그렇게 표현되는 것이지 실제 우리 몸에 산소가 부족한 것이 아닙니다. 그래서 **공황 발작이 올 때 천천히 복식호흡을 하면 불안이 서서히 가라앉게 됩니다.**

사례 환자의 경우, 비닐 백과 비상약을 늘 챙겨 다니며 "혹시라도 공황 발작이 올 때를 항상 대비해야지." 하는 불안을 줄이려는 안전 행동을 하고 있어요. 가족들과의 여행을 위해 비행기를 타겠다는 결심 자체는 분명 큰 도전이자 긍정적 변화의 시작이지만, 동시에 "비상약을 반드시 가져가야 한다."라는 생각에 여전히 의존하고 있어요.

이러한 **안전 행동**은 당장 마음의 안정을 주는 것 같지만, 장기적으로는 "비상약이 없으면 견딜 수 없을 거야."라는 **잘못된 믿음을 강화**하여 **치료 효과를 떨어뜨리기** 쉽습니다. "비행기를 탈 때 비상약이 없어도 내가 생각했던 만큼 공황이 힘들지 않다."라는 경험을 할 기회를 스스로 놓치기 때문이죠.

"비닐 백이나 비상약이 없으면 큰일 날 것이다."라는 파국적 사고가 실제로 맞는지를 스스로 검토하기 위해서는 실험을 해 보면 됩

니다. 예를 들어, 비행기를 타면서 비상약을 안 가지고 가 보는 거죠. "막상 해 보니 **생각만큼 힘들지 않구나!**" 하는 새로운 경험을 하게 되고, 비상약이나 비닐 백 없이 지내거나 비행기를 타는 작은 성공이 쌓이다 보면 "아, 이런 것 없이도 내가 충분해 해 낼 수 있구나." 하는 확신이 늘어나고, 점차 안전 행동 없이도 공황 발작에 대처할 수 있는 힘이 생깁니다.

실제 어떤 분들은 비상약을 아예 가져가지 않고 비행기를 타고는 "비행기 타기 전에는 공황이 올까 봐 두려웠는데, 막상 타 보니 괜찮았어요. 다음에도 또 비행기 타고 여행을 갈 계획이에요."라고 해요. 그리고 가족과 해외여행도 하면서 시간을 보낼 수 있게 되어 삶의 질이 너무 좋아졌다고 행복해하기도 합니다.

평소 **이완 훈련, 복식호흡** 등 불안을 줄이는 대처 기술을 연습해서 익숙해지면 공황 발작이 올 때 안전 행동 대신 이러한 대처 기술을 통해서 불안과 직면하면서 업무를 완수하거나 불안한 상황을 이겨 낼 수 있을 거예요. 혼자서 갑작스럽게 안전 행동을 다 없애려 하면 불안이 극도로 치솟을 수 있으므로 **정신건강의학과 주치의와 협의**하면서 진행하는 것이 도움이 될 것입니다. 🌸

공황 발작, 과호흡 그리고 안전 행동의 문제점

공황 발작과 과호흡

- 공황 발작의 대표 증상 중 하나는 호흡곤란입니다. 숨이 찬 증상은 공황 자체보다 과호흡 때문에 발생하는 것으로, 실제로 산소 부족은 아니기 때문에 복식호흡을 통해 불안을 줄일 수 있습니다.

안전 행동의 문제점

- 비상약, 비닐 백, 동행인 등에 의존하는 안전 행동은 일시적 안정감을 주지만 장기적으로는 "없으면 큰일 난다."라는 잘못된 믿음을 강화합니다. 이는 회복 기회를 방해하고 치료 효과를 낮추는 결과로 이어져요.

결론

- 복식호흡, 이완 훈련 등 대처 기술을 미리 익히면 안전 행동 없이도 불안 상황을 이겨 낼 수 있어요.
- 단, 혼자서 모든 안전 행동을 갑자기 없애는 건 위험할 수 있으므로 정신건강의학과 전문가와 협의하며 점진적으로 줄여 가는 것이 바람직합니다.

주머니에 항상 비닐 백하고 비상약을 챙겨 다녀요

Part 3

공황장애의 원인

- 왜 제가 공황장애를 겪는 건가요
- 아이에게 공황장애가 유전되나요

공황장애는 신체적 요인(갑상선 이상 등 신체질환, 약물 등),
유전적 소인, 부정적 성격 특성, 스트레스와 트라우마,
뇌의 공포 조절 회로 이상 등이 복합적으로 작용해 발생합니다.
이러한 요인들이 결합되어 공황 발작을 유발하고,
지속적인 불안과 두려움을 초래합니다.

왜 제가 공황장애를 겪는 건가요

공황장애는 갑작스럽게 극도의 공포나 불안을 느끼게 되는 정신건강 질환으로, 심장박동이 빨라진다거나 숨을 쉬기 어려움, 땀, 현기증 같은 신체 증상이 함께 나타나는 것이 특징입니다. 처음에는 이런 발작이 마치 '아무 이유 없이' 생기는 것처럼 보이기 때문에, 왜 이런 공황 발작을 겪는지 이해가 되지 않고 당황스럽죠. 어떤 분은 심지어 "전생에 죄를 짓고 죽은 사람이 나로 태어나서 이런 병에 걸린 게 아닌가?"라고 엉뚱한 질문을 하기도 하고, "의지가 약해서 생기는 병이다."라고 자책하기도 해요. 그렇지만 **공황장애는 실제로는 여러 가지 요인이 복합적으로 작용하여 발생하는 경우가 많습니다.**

먼저, 공황장애를 유발할 수 있는 의학적 문제와 물질들이 있어요. 갑상선 기능 항진증이나 심장 문제, 호흡기 질환 같은 의학적 상태는 공황 발작과 유사한 증상을 일으킬 수 있기 때문이죠. 그리고 카페인, 알코올, 특정 약물 및 약물 남용도 공황 증상을 유발하거나 악

화시킬 수 있어요.

다음으로 언급되는 요인 중 하나는 유전이에요. 부모나 형제 등 가까운 가족 중 공황장애나 다른 불안장애를 가진 사람이 있으면, 본인도 공황장애가 생길 가능성이 다소 높아져요. 물론 유전적 소인이 있다고 해서 반드시 공황장애가 발병하는 것은 아니지만, 불안을 크게 느끼는 경향이 다른 사람보다 강할 수 있어요.

사람마다 다르게 타고나는 기질이나 성격 특성도 위험 요인으로 꼽혀요. 예를 들어, 낯선 상황에 대한 두려움이 크거나 부정적 사고 경향이 있는 분들은 불안을 더 쉽게 경험할 수 있으며, 이러한 특성이 스트레스와 결합될 경우 공황 발작이 발생할 가능성이 상대적으로 높아질 수 있어요.

소아기 성적 신체적 학대, 교통사고, 자연재해, 폭력 피해 등 트라우마적인 사건뿐만 아니라 최근의 상실(이혼, 친밀한 사람과의 신체적 심리적 분리), 업무 책임의 증가, 이직, 이사, 대인관계 갈등 같은 스트레스나 큰 변화도 공황장애 발병에 중요한 역할을 할 수 있어요. 스트레스가 누적되면 몸과 마음이 예민해져 가벼운 불안 신호에도 과도하게 반응하기 쉽거든요.

뇌의 '공포 조절회로' 같은 경보 체계나 신경전달물질(세로토닌, 노르에피네프린, 가바 등)의 불균형도 공황장애에 관여할 수 있어요.

우리 몸에는 스트레스나 위험한 상황에 부딪혔을 때 자동으로 작동하는 '투쟁-도피 반응(fight-or-flight response)'이라는 생리적인 방어 시스템이 있어요. 이 반응은 우리를 보호하기 위해 만들어진 정상적인 반응이에요. 위험을 감지하면 뇌의 공포조절회로가 '위험 신호'를 보내고, 이에 따라 몸은 준비 태세에 들어갑니다. 이때 교감신경이 활성화되면서 심장이 빨리 뛰고, 숨이 가빠지며, 혈압이 오르고, 근육으로 산소가 더 많이 공급돼요. 이런 반응 덕분에 순간적으로 더 빠르게 움직이거나, 더 집중해서 위험에 대처할 수 있게 되죠. 반면, 소화나 면역 같은 생존에 당장 필요하지 않은 기능들은 일시적으로 억제됩니다. 즉, 위험에 맞서거나 도망치는 데 필요한 에너지를 집중하기 위한 정상적인 과정이에요. 하지만 **공황장애에서는 시스템이 과도하게 작동하고 오작동한다고** 알려져 있어요.

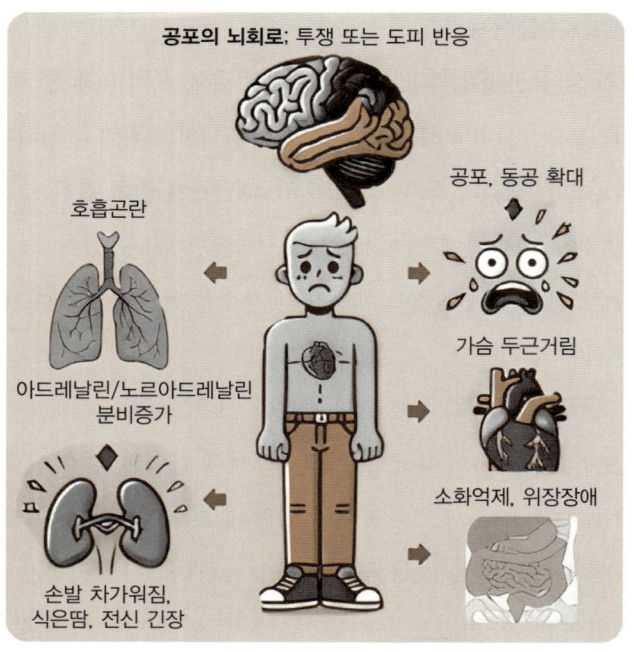

한편, 우리 뇌는 몸과 마음을 조절하기 위해 다양한 화학 물질을 사용합니다. 이 물질들은 뇌의 여러 부분에서 신호를 주고받는 역할을 하며, 우리의 감정, 행동, 신체 반응에 큰 영향을 줘요. **세로토닌**이라고 많이 들어 보셨을 텐데, 이것은 우리가 안정감을 느끼고, 불안을 조절하며, 기분을 좋게 만드는 데 중요한 역할을 합니다. 이 세로토닌이 부족하거나 제대로 작동하지 않으면 불안감이 커지고, 공황 발작이 쉽게 발생할 수 있어요.

그 외에도 몸을 '긴급 상황'에 대비시키는 노르에피네프린, 뇌를 진정시켜 주는 역할을 하는 가바 등이 관련이 있다고 해요. 공황장애에서는 이런 **신경전달물질의 균형**이 깨져서, 몸과 마음이 필요 이상으로 예민하고 불안정해진다고 알려져 있어요. 그래서 **약물치료**는 신경전달물질의 균형을 회복시켜 증상을 회복시키는 데 도움이 돼요.

학습이론으로도 설명할 수 있는데, 공황장애는 가끔 특정 장소나 상황에서 한 번 공황 발작을 겪은 뒤 그 장소를 극도로 불안하게 여기게 되는 식으로 학습되어 고착되는 경우도 있어요. 이렇게 한 번 무섭다고 학습된 환경이나 단서가 반복적으로 회피되는 과정에서, 불안이 점점 커지고 공황장애가 악화되기도 해요.

공황 발작은 공황장애에서만 생기는 것은 아니에요. 다른 불안장애나 기분장애, 조현병, 알콜의존증 등에서도 나타날 수 있기 때문에 공황 발작을 경험할 경우 정신건강의학과를 방문하셔서 정확한 진단을 받는 것이 필요합니다. 대부분의 경우, 공황장애는 한 가지 요인만으로 생기지 않아요. 예를 들어, 유전적으로 불안에 취약한 사람이 심각한 스트레스를 오래 겪거나, 트라우마를 경험하면서 신체 감각을 지나치게 위협적으로 해석하게 되면 공황장애가 생길 확률이 높아집니다. 이런 복합적인 상호작용을 이해해야 효과적인 치료와 관리 전략을 세울 수 있어요.

이러한 위험 요인과 근본 원인을 알아두면, 환자나 가족들이 공황장애를 바라보는 시선이 한결 부드러워집니다. "이유 없이 내가 이상해진 게 아니구나."라는 인식을 갖게 되면, 적절한 치료와 대처에도 훨씬 적극적으로 임할 수 있죠. 또한 위험 요인을 알고 있으면 생활 습관이나 스트레스 관리 방법을 조정해 보거나, 필요하다면 전문가의 도움을 받아 다양한 치료적 접근을 시도할 수 있게 됩니다. 결국, 원인과 요인을 제대로 이해하는 것은 공황장애 극복의 첫걸음이자, 더 나은 삶의 질을 위한 필수 단계라고 할 수 있어요. ✿

공황장애의 원인은 복합적!

① 신체적·의학적 요인: 갑상선 질환, 심장·호흡기 질환, 카페인, 알코올, 약물 등
② 유전 및 성격 요인: 가족력, 불안에 민감한 기질, 부정적 사고 경향 등
③ 스트레스와 트라우마: 어린 시절 학대, 사고, 상실, 인간관계 갈등, 생활 변화 등
④ 뇌 기능 이상: 공포 조절 회로의 과잉 작동
⑤ 학습된 불안 반응
- 공황장애는 의지나 성격의 문제가 아닌 복합적인 생물학적·심리적 원인으로 생기는 질환입니다. 원인을 이해하고 정확한 진단과 치료를 받는 것이 회복의 첫걸음입니다.

아이에게 공황장애가 유전되나요

 공황장애를 겪는 어떤 분들은 자신의 공황장애가 아이에게 유전될지 걱정해요. 아이가 자신처럼 불안해하거나 예민한 모습을 보이면 내 유전자 때문에 애가 그런 게 아닌가 걱정하고 자책하기도 하죠. 유전자가 공황장애에 꽤 영향을 미치긴 하지만, 그게 전부는 아니에요. 지금까지 알려진 바로는 공황장애는 유전적 요인 하나만 작용하는 것이 아니라 환경적·신경생물학적·심리사회적 원인들이 복합적으로 작용해서 생긴다고 해요.

 유전적 요인에 대해서 좀 더 쉬운 말로 편하게 설명해 볼게요. 먼저, 가족력이라는 게 있어요. 가족 중에 공황장애가 있는 분이 계시면, 나도 그럴 확률이 좀 더 높아지는 거예요. 마치 '걱정을 쉽게 하는 성향'을 물려받는 느낌이라고 할 수 있죠. 그렇다고 해서 "유전적 성향이 있으니 무조건 공황장애가 생긴다!"라고 단정 지을 순 없어요. '남들보다 조금 더 공황장애가 생길 가능성이 높아진다' 정도로

이해하시면 돼요.

그리고 공황장애는 특정한 한 가지 유전자만의 문제가 아니에요. **여러 유전자가 함께 작용**하면서 위험도를 높인다고 알려져 있어요. 이 중 몇몇 유전자는 뇌가 두려움이나 스트레스를 처리하는 방식을 조절해서 공황 발작을 유발하는 요인에 더 민감해지게 만들 수 있어요.

또 여성에게 공황장애가 더 자주 나타나는 이유 중 하나가, 여성에게 더 많이 작용하는 유전자가 있을 수 있다는 점이에요. 이렇게 유전자가 큰 역할을 하지만, **환경적인 요인도 정말 중요해요**. 예를 들어, **심한 스트레스나 트라우마** 같은 것이 있으면, 원래 가지고 있던 '불안 성향'이 더 잘 드러날 수 있어요.

마지막으로, '유전적으로 공황장애가 생길 가능성이 있다'고 해도, 그게 나라는 사람을 전부 결정하진 않아요. 제대로 된 치료와 주위의 도움만 있다면, 유전적 배경이 어떻든 간에 많은 분이 공황장애 증상을 잘 조절하면서 생활할 수 있어요.

어떤 분들은 자신의 공황 발작 증세를 자녀에게 어떻게 말해 주어야 할지 몰라서 답답해하기도 합니다. 아이와 정신건강 문제에 대해 이야기하는 건 쉽지 않을 수 있지만, 꼭 필요한 대화예요. 어떻게 말을 꺼내고, 어떤 식으로 설명해야 할지 막막할 때가 있죠. 아이에게 공황장애나 공황 발작을 설명하려면, 이렇게 말해 줄 수 있어요.

"가끔 내 몸이 아무런 위험도 없는데 갑자기 무섭고 불안해질 때가 있어. 마치 몸속 '경보 장치'가 실수로 울리는 것처럼 말이야. 그럴 땐 심장이 아주 빨리 뛰고, 숨을 헐떡이듯이 쉬고, 몸이 떨리거나 어지러울 때가 있어. 이런 걸 '공황 발작'이라고 해.

이건 꼭 무서운 꿈을 꾸고 번쩍 깨서 겁이 나는 거랑 비슷한 느낌이야. 그래도 그 꿈이 실제로 날 해치지 못하듯이, 공황 발작도 나를 직접적으로 아프게 하진 않고, 조금 지나면 괜찮아져.

내가 공황 발작을 겪는 걸 보면, 숨을 아주 빠르게 쉴 수도 있고, 무척 불안하거나 겁먹은 얼굴을 할 수도 있고, 빨리 지금 있는 곳에서 나가고 싶어 할 수도 있어. 그럴 때 너무 걱정하지 않아도 돼. 난 천천히 숨을 들이마시고 내쉬는 방법 같은 걸 배우면서 스스로 진정하려고 노력하고 있어. 네가 차분하게 곁에 있어 주고, "곧 괜찮아질 거야."라고 말해 주면 정말 힘이 돼.

마지막으로 중요한 건, 이건 절대 네 잘못이 아니라는 거야. 난 의사 선생님과 상담하면서 점점 나아지려고 노력하고 있단다. 혹시 궁금한 게 있으면 언제든 물어봐도 돼. 내가 이해하기 쉽게 다시 설명해 줄게."

평소에 자녀들과 집에서 마음 건강 이야기를 자연스럽게 자주 꺼내 보는 것도 좋아요. 밥을 먹거나, 하루를 마치고 편안하게 쉬는 시간에 "오늘 하루는 어땠어?"나 "기분이 어때?" 같은 식으로 마음을 묻는 거죠. 이렇게 자주 말하다 보면, 아이도 마음 건강에 대해 대화하는 걸 당연하게 받아들이고 더 솔직하게 털어놓기 쉬워져요.

또 아이가 얘기할 때는 "아, 그래?" 하고 잘 듣는 게 정말 중요해요. 당장 해결책을 내놓으려고 하기보다는, 그 마음이나 생각을 그대로 받아 주는 거죠. 불안이 높은 분들은 마음이 급한 경우가 많아요. 그래서 아이들의 말을 기다리지 못하는 경우가 많죠. 이럴 때 조금 더 느긋하게 기다려 보는 연습을 하는 것도 자녀들과 관계를 좋게 하는 데 도움이 될 거예요.

아이에게 마음 건강이 뭔지 간단히 알려 줄 때는, "우리가 몸을 돌보듯이, 생각과 감정도 잘 돌보는 게 마음 건강이야."라고 설명해 줄 수 있어요.

가장 중요한 건, 언제든지 아이가 마음 건강 문제를 이야기할 수 있도록 열린 태도를 보여 주는 거예요. "무슨 일이 있어도 부모가 너를 지지하고 도와줄 거야."라는 믿음을 주고, 마음 건강이란 게 충분히 다룰 수 있는 문제라는 희망을 함께 나누는 거죠. 이렇게 꾸준히 대화를 이어 가면, 아이가 마음이 힘들 때 두려움 없이 도와 달라고 말할 수 있을 거예요.

공황장애와 유전을 아이에게 설명하는 방법

- 공황장애는 유전적 영향이 있지만, 환경, 성격, 스트레스 등 다양한 요인이 함께 작용해 생깁니다.
- 유전이 된다고 해서 꼭 발병하는 건 아니며, 치료와 관리로 충분히 조절 가능합니다.
- 아이에게는 "몸속 경보장치가 실수로 울릴 때처럼 불안이 생긴다."라고 쉽고 진정성 있게 설명하면 돼요.
- 평소 마음 건강에 대해 자주 이야기하고, "무슨 일이 있어도 널 지지할 거야."라는 태도가 가장 중요합니다.

Part 4

공황장애의 치료

- 공황장애가 치료가 되나요
- 저는 공황장애 환자인데 왜 항우울제를 먹어야 하나요
- 치료를 시작하면 증상이 어떻게 나아지나요
- 정신과 약은 부작용이 많을 것 같아요
- 약을 먹으면 바보처럼 멍해지고 중독이 된다고 해서 먹기가 겁이 나요
- 정신과 약은 끊기가 어렵다고 해요
- 공황장애를 치료하지 않으면 어떻게 되나요
- 공황장애 약을 먹으면서도 임신이 가능한가요
- 인지행동치료가 꼭 필요한가요
- 앱이 나를 도와줄 수 있나요
- 공황장애 약을 언제까지 먹어야 하나요. 빨리 끊고 싶어요
- 공황장애는 치료를 해도 재발한다고 하던데요

공황장애는 약물치료(항우울제, 항불안제)와
인지행동치료로 효과적으로 치료됩니다.
약물은 2주에서 한 달 정도 걸려 효과가 나타나며,
부작용은 대부분 일시적입니다.
치료 중단은 재발을 초래할 수 있어 최소 8~12개월 동안
꾸준히 치료가 필요합니다.
인지행동치료는 불안한 생각과 회피 행동을 교정합니다.

공황장애가 치료가 되나요

공황장애는 치료가 가능한 질환인데, 적절한 치료를 통해서 많은 사람이 상당히 좋아지고 호전돼요.

항우울제와 항불안제를 포함한 약물치료와 인지행동치료를 같이하는 것이 공황장애의 치료에 가장 효과적인 것으로 알려져 있어요.

공황증상이 심한 초기에는 항불안제를 사용하기도 해요. 인지행동치료도 효과적이라고 알려져 있는데, 공황 발작과 관련된 생각의 부정적 패턴과 행동을 이해하고 고치는 데 도움이 된다고 해요. 약 30~40%의 환자는 장기간 증상 없이 지내고, 약 50%의 환자는 일상생활에 영향을 받지 않을 정도로 매우 약한 증상을 경험한다고 해요. 약 10~20%의 환자는 안타깝게도 불편한 증상이 지속된다고 알려져 있어요.[8] 결론적으로, 80~90%의 환자는 치료를 통해 상당한 호전이 되니 치료를 꾸준히 잘하는 것이 중요하겠죠.

공황장애, 약물로 치료할 수 있어요!

- 공황장애는 약물치료와 인지행동치료를 병행하면 효과적으로 호전될 수 있는 질환입니다.
- 80~90%의 환자가 치료를 통해 증상이 크게 좋아지며, 일부는 완치되기도 합니다. 따라서 꾸준한 치료와 관리가 매우 중요합니다.

저는 공황장애 환자인데 왜 항우울제를 먹어야 하나요

공황장애의 치료에는 **항우울제를 사용해요**. 나는 불안한 환자인데 항불안제를 줘야지 왜 항우울제를 주냐구요?

우리가 항우울제라고 부르는 약들은 우울증만을 나아지게 하는 것이 아니라 **불안증도 나아지게 한다고** 알려져 있어요. 이름이 항우울제로 불릴 뿐이지 우울과 불안을 같이 치료하는 약이에요. 즉, 공황장애의 치료에는 항우울제가 효과적인 약물입니다. 이름만 보고 오해할 필요는 없어요.

항우울제로 치료가 가능해요!

- 공황장애 치료에 쓰이는 항우울제는 우울뿐 아니라 불안도 함께 완화하는 효과적인 약물입니다.

치료를 시작하면 증상이 어떻게 나아지나요

항우울제는 복용한다고 해서 즉시 공황 발작이나 불안이 줄어들지는 않고, 불안이 가라앉는 데 약 2주 내지 한 달가량이 걸린다고 알려져 있어요. 그 이후에도 수주에서 수개월에 걸쳐서 점점 더 치료 효과가 나타나요.

항우울제가 효과를 나타내는 데 시간이 걸리기 때문에 공황 증상이 심한 경우에 항불안제를 같이 복용하면 불안을 조금 더 빨리 가라앉힐 수도 있어요.

그러나 약을 먹는다고 해서 증상이 한 번에 다 없어지는 것은 아니고, 약을 먹는 중에도 공황 발작이 왔다 갔다 할 수 있어요. 그러다가 점차 한두 달이 지나고 나면 증상이 상당히 호전돼요.

그러니 약을 먹어도 공황 발작이 온다고 해서 "약이 효과가 없구나."라고 생각할 필요가 없어요. 약을 꾸준히 복용하면서 주치의와 상의하면 점차 호전되는 것을 알게 될 거예요.

치료는 꾸준히!

- 항우울제는 효과가 나타나기까지 2주~한 달 정도가 걸리며, 그동안 공황 발작이 반복될 수 있어요.
- 그래도 꾸준히 복용하면 여러 달이 지나면서 점차 증상이 호전되니 조급해하지 말고 치료를 지속하는 게 중요해요.

정신과 약은 부작용이 많을 것 같아요

 서연 씨, 지난번에 공황 발작으로 응급실에 내원하셨을 때 많이 놀라셨겠어요. 지금은 어떠신가요?

네. 그때 너무 무서웠어요. 죽을 것 같았고 숨쉬기도 힘들었어요. 그래서 처방받은 약을 먹었는데 아침 약을 먹고 나니 손발에 힘이 빠지고 의식이 없는 것 같은 느낌이 들어서 더 무섭더라고요. 저녁 약은 먹었더니 자다가 심장이 쿵 내려앉는 것 같아서 그중에 하얀 약은 빼고 안 먹었어요.

그렇게 느끼셨군요. 약을 복용하면서 불편한 증상이 생기면 당연히 걱정이 되셨을 거예요. 사실, 공황장애를 치료하기 위해 사용하는 약들은 정도의 차이가 있지만 초기에는 **부작용이 나타날 수도 있습니다**. 하지만 대부분의 부작용은 약하고 일시적이라 시간이 지나면서 사라지는 경우가 많아요.

그런데 약 부작용이 너무 무서워요. 약 설명서를 읽어 보니까 정말 많은 부작용이 적혀 있더라고요. 구역질, 소화불량, 불면, 졸림, 불안, 떨림, 어지러움, 두통, 입마름…. 기억력·집중력 저하…. 그걸 보고 더 겁이 나서 약을 먹기가 힘들어요.

맞아요. 약 설명서에는 가능한 모든 부작용이 적혀 있어서 처음 보는 분들은 그 모든 부작용이 자신에게 나타날 것처럼 느껴질 수 있어요. **하지만 모든 부작용이 나타나는 것은 아니고, 나타난다 해도 대부분 가벼운 증상이고 시간이 지나면 저절로 없어지는 경우가 많습니다**. 그런데 불안을 겪는 환자분들은 일반적으로 약물의 부작용에 민감한 경향이 있어서 치료 효과가 생기기 전에 벌써 부작용을 호소하며 약을 복용하기를 두려워하는 경우가 매우 흔해요.

그럼 약을 계속 먹어도 되는 건가요?

 네. **약을 꾸준히 복용하는 것이 매우 중요합니다.** 사실, 공황장애 치료가 잘 안 되는 가장 큰 이유 중 하나가 약물을 중간에 중단하기 때문이에요. 약을 끊으면 증상이 다시 나타나고, 그러면서도 약을 복용하기 겁나서 안 먹고 치료가 지연되는 악순환이 생길 수 있어요.

그래도 부작용이 계속 생기면 어떻게 해야 하나요?

 그런 경우에는 저와 상의하시면 됩니다. **부작용이 심하거나 불편하다면 약의 용량을 조절하거나 다른 약으로 변경할 수도 있어요.** 중요한 건 혼자 걱정하지 마시고 저하고 **상의하면서 치료를 이어 나가는 거예요.**

알겠습니다. 조금씩 복용해 보면서 적응해 보겠습니다.

 네. 약을 꾸준히 복용하시면서 몸과 마음이 회복될 수 있도록 함께 노력해 봅시다. 필요할 때는 언제든 말씀해 주세요.

약물 부작용에 대한 이해와 치료 지속의 중요성

- 약물의 초기 부작용은 대부분 시간이 지나면 사라집니다.
- 약물 설명서에 나열된 모든 부작용이 자신에게 나타나는 것은 아닙니다.
- 공황 증상과 유사한 부작용이 나타날 수 있지만 이는 약물이 몸에 적응하는 과정에서 생길 수 있는 일시적인 현상입니다.
- 혼자 걱정하지 말고, 부작용이 심하면 주치의와 상의하세요.
- 약물 복용을 중단하면 치료가 지연될 수 있으니 꾸준히 복용하면서 치료를 이어 가는 것이 중요합니다.

약을 먹으면 바보처럼 멍해지고 중독이 된다고 해서 먹기가 겁이 나요

많은 환자가 약물치료에 대해 오해합니다. 이로 인해 조기에 약물치료를 중단함으로써 잦은 재발을 경험하고, 치료가 더욱 어렵게 되고, 증상으로 인해 일상생활이 더 힘들게 됩니다.

'멍해지고 졸린다'는 것은 불안을 줄이기 위해 사용하는 약물들의 흔한 부작용입니다. 불안한 상태는 매우 각성된 상태인 반면, 항불안제를 복용하면 불안이 점차 가라앉게 되면서 약간 멍하고 졸리는 상태가 되는데, 이것은 반대로 말하면 약물이 내 몸에 잘 작용하고 있다는 뜻입니다.

이러한 부작용은 대개 치료 초기에 생기지만, 시간이 지나면서 몸이 적응하게 되어 점차 사라지게 됩니다. 항우울제도 약물에 따라 비슷한 증상을 유발할 수는 있지만, 불안이 가라앉고 나면 흔히 항불안제를 감량하게 되고 항우울제도 졸림이 덜한 약물로 얼마든지 교체가 가능합니다. 따라서 이러한 부작용이 생긴다고 겁먹지 말고 주치의와 잘 상의해서 조절하면 효과적으로 치료를 잘할 수가 있어요.

항불안제 중에 아티반, 자낙스 등으로 불리는 벤조디아제핀계 항불안제가 있는데 이들은 남용과 의존성 문제가 있을 수 있어요. 그래서 어떤 환자들은 중독될까 봐 약을 복용하기를 두려워하기도 합니다. 그러나 정신건강의학과 의사는 벤조디아제핀의 부작용과 장기 복용 시 문제점을 잘 알고 있기 때문에 항상 주의하면서 처방하고, 증상이 안정되면 가능한 한 약을 감량해서 중단하려고 할 테니 너무 걱정하지 않으셔도 됩니다.

반면, 일부 환자들은 약을 줄일 때 불안해질까 봐 항불안제를 감량하는 것을 오히려 두려워하기도 합니다. 아니면 불안하니 아티반이나 자낙스를 더 달라고 요구하고 처방한 것보다 더 자주 먹기도 합니다. 이런 경우가 사실은 더 문제인데, 약을 더 복용하거나 약을 줄이기를 두려워하는 분들은 주치의와 잘 상의하셔서 적절한 조절을 받으시길 바랍니다.

약물치료하면 바보가 된다?

- 많은 환자가 약물치료에 대한 오해와 부작용에 대한 두려움 때문에 조기에 치료를 중단해 증상이 악화되기도 합니다.
- 멍함, 졸림 등 초기 부작용은 일시적이며, 약물은 조절 가능하므로 주치의와 상의하며 지속적으로 조절하는 것이 중요합니다.
- 특히 항불안제는 의존 가능성도 있어 조절이 필요하며, 증량이나 감량 모두 의사와 협의하며 신중하게 진행해야 합니다.

정신과 약은 끊기가 어렵다고 해요

 정신과 약은 끊기가 어렵다는 말은 여러 가지 다양한 이유에서 나온 걸 거예요. 주위에 정신건강의학과에 오래 다니고 있는 사람을 보니 아마도 정신과 약은 끊기가 어렵다고 생각할 수도 있고, 본인의 경험이나 다른 사람의 경험을 통해서 정신과 약을 끊으려는데 잘 안 된다고 생각할 수도 있어요. 그 외에도 다른 여러 가지 이유가 있을 수 있겠죠.

 먼저, 정신건강의학과에 오래 다니는 이유는 다양할 수 있어요. 사람마다 다양한 정신건강 문제를 가지고 있는데, 어떤 정신장애는 치료가 잘되는 편이고 어떤 것은 치료가 어려울 수도 있어요. 또 어떤 병은 안정된 이후에도 오랫동안 약을 먹는 것이 권장되고, 어떤 병은 호전되면 빨리 치료를 종결해도 문제가 없기도 해요.

 개인마다 가지고 있는 기질도 다른데, 어떤 분들은 원래 불안한 기질이 있어서 치료를 통해 공황장애가 안정된 이후에도 오랫동안 불안한 기질을 조절하는 것이 필요할 수도 있고, 범불안장애 같은 예민하고 걱정이 많은 병이 같이 있는 경우, 공황 증상이 가라앉은 이후라도 범불안장애를 오랫동안 잘 치료하는 것이 필요할 수도 있어요.

오래 치료하는 것이 꼭 나쁜 것은 아니고 오히려 환자에게 더 도움이 될 수도 있는 거죠.

어떤 경우에는 여러 가지 스트레스 상황에 계속 노출되어 있어 치료가 힘든 경우도 있고, 다른 경우에는 어릴 때 살아온 환경이 영향을 많이 미치는 경우도 있어 **사람에 따라 치료를 얼마나 오래 하는지 다를 수 있어요.** 건강하게 잘 살다가 일시적으로 불안해지는 사람들은 짧은 치료도 금방 호전되기도 해요.

어떤 분들은 증상이 호전되면 바로 약을 중단하려고 하는 경우가 있어요. 약물로 증상은 안정되었지만, 완전히 치료가 되지 않은 상태에서 **약을 서둘러 중단하면 공황 증상이 다시 나빠질 수 있어요.** 그러면 아직 병이 완전히 낫지 않은 상태기 때문에 충분히 치료가 덜 되어서 그렇다고 생각하지 못하고, "아, 약을 끊으면 다시 나빠지는구나."라고 약에 대해 잘못된 생각을 하는 경우가 있어요.

증상이 호전되어 오랫동안 안정되면 이후에 점차 약을 감량하면서 치료를 종결하게 되는데, 처음 공황 발작을 심하게 경험한 사람들은 약을 감량하던 공황 발작이 다시 올까 봐 무서워하기도 해요. 그 두려움으로 인해서 살짝 불안한 증상이 올 수 있는데, 그러면 또 공황이 나빠지는 거 아닌가 불안해하죠.

어떤 경우는 약물을 갑자기 끊으면 금단증상이 생기기도 하는데, 대개 불안한 사람들은 금단증상으로 인한 신체적 변화를 매우 두려워하는 경향이 있어서 약을 절대 끊을 수 없다고 잘못 생각하기도 해요. 이런 측면에서 보면, 사실 줄이고 끊는 것이 쉬운 문제는 아니에요.

그러나 약물 중단에 대한 불안감을 주치의와 잘 상의해 가면서 서서히 줄여 나가면 증상이 완치된 상태를 유지하면서 치료를 종결할 수 있을 거예요.

많은 공황장애 환자가 실제로 호전된 후에 주치의와 상의하면서 점차 약을 중단하고도 문제없이 지내는 경우가 많아요. 일반적으로는 좋아졌다고 해서 약을 한 번에 끊지 않고 서서히 감량해 나가면서 증상의 추이를 보면서 줄여 간다는 것을 기억하는 것이 좋아요. 치료를 종결하는 데는 증상의 심한 정도, 치료 기간이나 약물의 용량, 재발의 위험성, 그 외에도 환자 개인의 여러 가지 요인을 고려해서 결정하게 되니 주치의와 터놓고 논의를 하면서 진행하세요.

지속적인 치료가 회복의 열쇠!

- 공황장애 약물치료에 대한 오해로 치료를 중단하는 경우가 많아요.
- 초기 부작용(졸림, 멍함 등)은 흔하지만 대부분 일시적이에요. 이런 증상은 불안이 가라앉으면서 생기는 자연스러운 반응이고, 시간이 지나면 사라집니다.
- 약을 줄이는 것을 두려워하거나 더 달라고 요구하는 것도 문제입니다.
- 꾸준한 치료와 약물 조절을 통해 공황장애는 충분히 호전될 수 있습니다.

공황장애를 치료하지 않으면 어떻게 되나요

　외래를 방문한 어떤 분들은 "공황장애를 꼭 치료해야 하나요?"라고 묻기도 합니다. 물론 공황 발작을 경험했다고 해서 다 공황장애가 되는 것은 아닙니다. 처음 한두 번 공황 발작을 경험하더라도 별로 대수롭지 않게 넘기는 경우도 많아요.

　그러다가 공황 발작이 예기치 않게 자꾸 반복되면 또 공황 발작이 올까 봐 두려워하게 되고, 회피나 안전 행동 등 행동이 제약되면서 공황장애로 발전하게 되지요. 공황 발작을 경험한 사람 중 정확히 얼마나 많은 사람이 공황장애로 발전하게 되는지는 잘 알려져 있지 않지만, 10명 중 7명 정도가 공황 발작을 반복적으로 경험한다고 해요. 그리고 그중에서 소수인 약 10명 중 1~2명만 공황장애로 진단을 받는다고 해요.[9]

　그렇기 때문에 대부분의 경우에는 큰 문제가 되지 않지만, 만약 공황 발작이 반복되고 또 올까 봐 겁이 나서 일상생활에 문제가 일어난다면 바로 병원을 찾아 치료를 시작하는 것이 좋습니다.

공황장애를 치료하지 않고 방치하면 여러 가지 측면에서 삶의 질이 저하될 위험이 있어요. 먼저, 제때 적절하게 공황장애를 치료하지 않으면 시간이 지나면서 증상이 더 심해질 수가 있어요. 공황 발작이 반복해서 밀려오면 숨쉬기가 힘들거나 심장이 뛰는 신체 증상 자체로도 매우 힘들고, 또 죽을 것 같은 두려움 등 괴로운 정신적 증상도 반복해서 겪어야 하고 점차 심해지지요.

그러다 보면, 일상생활에 매우 지장을 주게 돼요. 외출이나 대중교통 이용, 혼잡한 곳이나 폐쇄된 공간을 피하려고 하면서 활동 범위가 줄어들고, 결국 학업, 직장 생활, 대인 관계 등 여러 측면에서 문제가 생겨요.

또 다른 중요한 문제는 공황장애로 인해 자신을 비난하거나 무력감을 느끼면서 우울증이 함께 생기거나 심해지고 심지어는 자살 시도까지 이어질 수 있어요.

어떤 분들은 불안할 때 술을 마시면 안정된다는 것을 알고 자꾸 술을 찾게 되어 알코올 의존증이 되기도 하고, 집 근처의 의원에 가서 안정제만 처방해 달라고 해서 안정제 의존이 생기기도 합니다.

무엇보다 치료를 시작하는 시간이 길어지면 치료하는 데 더 오랜 시간이 걸리고, 치료반응이 좋지 못한 문제가 있을 수 있어요. 적절한 치료를 통해서 전반적인 삶의 만족도와 질을 호전시킬 수 있으니, 증상이 반복된다면 반드시 정신건강의학과를 방문하셔서 상의를 하시면 좋겠어요.

다음 Q&A의 환자분은 공황장애 증상으로 여러 가지 힘든 일을 겪다가 치료를 통해 증상이 호전되면서 조기 치료를 못 한 것을 후회하고 지금 치료를 잘 이어 나가고 계시는 분이에요.

> 제가 지금 50세인데 30대에 막 오한이 나면서 가슴이 벌렁벌렁한 증상이 있다가 없어지곤 했어요. 한 달에 한 번 정도 심하게 그런 게 계속 있었어요. 그때는 바쁘게 사느라 정신과에 가야 한다는 생각을 못 했어요. 그러다가 잠을 못 자고 공황 발작이 와서 세 번을 연거푸 쓰러지고 나서 2년 전에 처음 간 거예요. 그러고도 제가 정신병자가 되었다는 생각 때문에 치료를 더 안 받았어요.
> 그런데 이번에 약을 먹으면서는 이런 생각이 들었어요. 20년 전에만 치료를 잘 받았어도 내 인생이 이렇게 되진 않았을 텐데, 이런 생각이 들었어요. 열심히 살았는데…. 공황 발작 때문에 늘 무기력하고, 다리에 힘이 없어도 어떻게든 버티려고 남들한테 지기 싫어 열심히 했는데, 내가 멍청한 짓을 했구나, 이런 생각이 들어요. 매일 아파서 한 번씩 식은땀이 나면서 증상이 오니까 바닥에서 기고, 응급실 가면 아무 이상이 없다고 하고….
> 빨리 치료를 했으면 힘든 것도 덜했을 거고, 치료를 받고 내 꿈을 펼칠 수 있었을 텐데, 공부도 더 하고…. 지금은 정신병자란 생각은 안 해요. '너무 행복하다.' '이렇게만 살고 싶다.' 이런 생각이에요.

치료하지 않으면 증상이 악화될 수 있습니다!

- 공황 발작은 누구나 일시적으로 겪을 수 있지만, 반복되면서 회피 행동이나 일상 제한이 생기면 공황장애로 발전할 수 있어요.
- 치료하지 않으면 증상이 악화될 수 있습니다. 대인 관계, 직장, 외출 등 삶의 질 전반에 부정적 영향을 미치고, 우울증, 자살 위험, 약물·알코올 의존으로 이어질 수 있어요.
- 초기에 치료를 시작하면 회복 속도와 치료 효과가 높아지고, 삶의 만족도도 함께 좋아지므로, 공황 발작이 반복된다면 반드시 정신건강의학과 상담이 필요합니다.

공황장애 약을 먹으면서도 임신이 가능한가요

공황장애로 치료를 받고 있는 경우, **임신 전에 미리 전문의와 임신 계획에 대해 상의하는 것이 좋아요**. 약물을 유지할 것인지, 용량을 줄일 것인지, 아니면 태아에게 좀 더 안전한 다른 약으로 조정할 것인지 등을 미리 상의할 수 있어요. 또한 약을 조정하거나 중단할 것인지, 아니면 증상이 더 호전될 때까지 임신을 좀 더 미룰 것인지도 상의할 수 있어요.

일반적으로 증상이 상당히 호전되었고 건강한 일상생활 습관을 유지하고 있고, 이완, 운동 등을 실천하고 있다면 **약물을 서서히 감량하면서 끊은 다음에 임신을 계획해 볼 수 있어요**. 일부 약물은 태아에게 부정적인 영향을 줄 수 있으므로 약물 복용에 대해 의사와 상의하여 안전한 약물을 선택하거나 조정할 필요가 있어요.

만약 아직 **공황** 증상이 빈번하고 심한데도 임신을 위해 **치료를 조기 중단하면 오히려 증상을 악화시키고 임신에도 부정적인 영향을 줄 수 있**

어요. 또한 공황장애는 임산부에게 스트레스를 주고 불안, 우울을 증가시킬 위험이 있어요. 태아의 뇌발달과 스트레스 반응시스템에 영향을 주고, 저체중아 출산의 위험을 증가시킬 수 있으므로 가급적이면 증상이 충분히 안정된 이후에 임신을 계획하는 것이 좋아요.

그런데 여러 가지 여건상 임신을 계획하거나 임신 사실을 알게 되었다면, 정기적으로 정신건강의학과, 산부인과 의사를 만나면서 자신과 태아의 상태를 확인하세요. 태아에 대한 위험과 임산부의 증상의 심한 정도를 동시에 평가하면서 약물을 중단하거나 최소 용량의 항우울제를 투여할 수도 있습니다.

한편으로, 인지행동치료 같은 비약물적 치료를 임신 중에 지속하는 것을 고려할 수 있어요. 인지행동치료는 공황장애의 치료에 효과적인 치료법으로 알려져 있는데, 공황장애 환자들이 가지고 있는 생각의 오류를 고치면서 공황을 유발할 가능성이 있는 상황에 점차적으로 노출하여 무뎌지게 하는 치료에요. 그 외에도, 명상, 호흡연습, 이완 훈련 등이 도움이 됩니다.

임신 전, 반드시 전문의와 상담해 주세요!

- 약물 유지, 감량, 교체 여부를 미리 결정하고, 증상이 안정된 상태에서 임신하는 것이 가장 좋아요.
- 증상이 심한데 약을 중단하면 임신과 증상 모두에 악영향을 줄 수 있어요.
- 공황장애는 태아의 발달, 임산부의 스트레스 및 우울과도 관련이 있어 잘 관리해야 해요.
- 임신 중에는 최소 용량의 안전한 약 사용과 함께 인지행동치료, 명상, 호흡, 이완 훈련 등 비약물 치료를 병행하는 것도 효과적이에요.

인지행동치료가 꼭 필요한가요

　인지행동치료는 정신치료의 한 방법인데, 주로 우울증, 외상후 스트레스장애, 공황장애 등에 효과가 있는 것으로 알려져 있어요.
　공황장애 환자는 사소한 몸의 변화(예: 심장 두근거림, 어지러움, 호흡 곤란)를 '큰일이 벌어지는 신호'라고 과장하고 재앙적으로 해석하기가 쉽습니다. 예를 들어 "심장이 너무 빨리 뛰면 혹시 심근경색으로 죽는 거 아닐까?" 하고 생각하는 식이죠. 이런 잘못된 생각(인지 왜곡) 때문에 불안이 확 커지고, 그 불안으로 몸 증상은 더 심해져서 "역시 위험해!"라는 믿음이 강화되는 악순환에 빠집니다.
　구체적으로, 이름에 나와 있듯이 '인지(생각)'와 '행동(행동 패턴)'을 함께 바꿔 가는 치료입니다. 먼저, 공황장애 환자가 자주 하는 '재앙적 사고(예: "이러다 공황 발작이 와서 쓰러질 거야.")'나 '과다추정(예: "지하철만 타면 바로 공황 발작이 와.")' 같은 부정적 생각을 찾아내고, "이 생각이 정말 사실일까?"를 따져 봅니다. 즉, 잘못된 생각을 수정해 나가는 것이 첫 번째 목표예요.

공황 발작이 자꾸 반복되면, 또 발작이 날까 봐 두려워서(예기불안) 특정 상황을 피해 다니는 행동(회피 행동)을 하게 됩니다. 혹은 불안이 올 것 같으면 무조건 가족을 대동하거나 비상약을 꼭 갖고 다니는 식으로, 불안을 줄이려는 안전 행동도 하게 돼요. 인지행동치료에서는 이런 회피 행동과 안전 행동을 하나씩 줄여 가는 연습을 합니다. 처음에는 부담이 되더라도 조금씩 '피하고만 있던 상황'에 스스로를 노출해 보면서, "생각처럼 위험한 일이 벌어지지 않는다."라는 것을 몸으로 직접 확인하게 돕는 거죠.

이런 접근이 왜 효과적일까요? 생각(인지)과 행동이 연결되어 있기 때문이에요. 불안한 생각을 고치면 행동이 바뀌고, 또 회피 행동을 줄여 새로운 경험을 쌓으면 "내가 생각했던 것만큼 위험하지 않네?" 하고 인지가 바뀝니다. 결과적으로, 몸의 사소한 변화에도 과민반응을 일으키지 않게 되고, 공황 발작이 일어날 것 같은 상황을 두려워해 피하지 않으면서, 일상생활에서의 불편함이 크게 줄어드는 효과를 볼 수 있어요.

치료가 주는 이점을 생각해 보면, 우선 **공황 발작의 빈도 및 강도가 감소**되는데, '위험하지 않다'는 경험이 쌓여 두려움이 줄어듭니다. 다음으로는 예기불안이 감소하는데, "또 발작이 오면 어쩌지?" 하는 불안에 시달리는 시간이 훨씬 짧아지고, 자신감을 얻게 돼요. 마지막으로 삶의 질이 향상되는데, 회피하던 활동(대중교통 이용, 외출 등)을 다시 시도해 볼 수 있게 되고, 사회·직장·가족 생활도 편안해집니다.

대개 한 시간에서 한 시간 반 정도 매주 치료자를 만나서 작업을 하는데, 짧게는 8회, 보통 12~15회 정도 면담을 합니다. 시간, 치료비, 치료 기술을 배우는 데 필요한 노력 등을 투자할 준비가 된 분들은 인지행동치료가 약물치료에 더하여 추가적 호전을 기대할 수 있습니다.

다만, 상당수 환자가 인지행동치료를 통해 큰 개선을 경험하긴 하지만, 일부는 여전히 증상이 남거나 지속될 수 있습니다. 인지행동치료가 '완전한 해결책'이라기보다는, 효과적인 '관리와 개선'에 도움을 주는 방법으로 이해하시면 좋겠습니다.

그 외에도 '마음챙김기반 인지치료(MBCT)'가 있는데, 생각과 감정을 있는 그대로 알아차리는 '마음챙김(mindfulness)'과 부정적인 사고 패턴을 다루는 '인지치료(cognitive therapy)'를 결합한 방식으로 주목받고 있습니다. 구체적으로는, 순간순간 떠오르는 생각이나 감정을 '좋다/나쁘다' 식으로 판단하기보다는, "아, 지금 이런 생각이 떠올랐구나." 하고 알아차리는 연습을 합니다(마음챙김). 그리고 불안을 유발하는 잘못된 생각 습관(예: 재앙화 사고, 위험에 대한 과다추정, 과잉일반화 등)을 인식하고, 그것이 사실인지 다시 살펴보는 태도를 기릅니다(인지치료적 관점).

MBCT 훈련을 통해 공황 발작을 유발하는 신체 감각(예: 심장 두근거림, 어지러움 등)을 '무조건 위험하다'고 판단하기보다, "이것은 몸이 긴장해서 나타나는 자연스러운 반응일 뿐, 내가 지금 바로 쓰러지는 건 아니야."라고 차분히 바라볼 수 있게 됩니다. 또한 생각이나 감정이 올라올 때 곧바로 휘말리지 않고, "아, 이런 생각이 생겼구나. 하지만 그건 단지 생각일 뿐이야." 하고 한 발 떨어져 지켜볼 수 있어 불안이 악화되지 않습니다.

꾸준히 연습하면, 불안과 관련된 자동적 사고가 올라올 때마다 스스로를 과도하게 몰아붙이지 않으면서도, 필요할 땐 적절한 대응(호흡 조절, 이완 기법 등)을 할 수 있게 돼요.

이처럼 MBCT를 통해 불안이 올라오는 순간에도 좀 더 침착하게 대응하고, 불안에서 한 걸음 떨어진 시각으로 자신을 바라보는 기술을 익힐 수 있습니다. ♣

공황장애를 다루는 효과적인 방법: 인지행동치료와 마음챙김치료

- '인지행동치료(CBT)'는 부정적인 생각과 행동을 고쳐 불안을 줄이는 치료예요. 공황 발작, 예기불안, 행동의 제약으로 인한 삶의 불편함을 효과적으로 개선해 줘요.
- '마음챙김기반 인지치료(MBCT)'는 불안한 감정과 생각을 판단 없이 바라보며, 불안에 휘말리지 않고 대처하는 연습을 해요.

앱이 나를 도와줄 수 있나요

　최근 컴퓨터 기술의 발전으로 인해 공황 발작이나 **불안을 조절하는 데 도움이 되는 앱(App)이나 컴퓨터 프로그램** 등을 사용할 수 있어요. 이런 앱들은 불안한 감정을 기록하고, 이완 기법을 훈련하고, 여러 불안한 상황에서 대처할 수 있는 방법을 훈련하게 도와줘요. 어떤 앱들은 공황장애의 치료에 대한 임상적 효과를 검증해서 출시하기도 하는 등 기술이 빠른 속도로 진화하는 것 같아요. 온라인상에서도 공황 발작에 대처하는 기술을 훈련하거나 지지그룹, 자조 훈련을 위한 자료 등을 제공하는 웹사이트 등이 있으니 도움을 받을 수 있어요.

　만약 앱을 사용해서 도움을 받고 싶다면, **임상실험을 통해 효과가 있다고 근거를 제시하는 앱을 먼저 찾아보세요.** 그리고 가격도 본인에게 맞아야 할 것이고, 사용자에게 친화적인 화면이나 사람마다 다르게 개인별 설정이 많은 앱을 찾으시면 좋을 거예요. 그리고 개인

정보나 데이터 보안이 되는 앱을 고르세요.

　병원 등에 가면 가상현실 등을 이용해서 광장공포증, 특정 공포증, 사회불안장애 같은 다양한 불안장애를 치료하는 데 적용하는 사례를 경험할 수 있습니다. 예를 들어, 광장공포증이 있는 환자는 가상 공간(예: 사람이 많은 슈퍼마켓 같은 곳)에서 상황을 체험할 수 있어요. 반복된 컴퓨터 세션을 통해 아바타와 자신을 동일시하면서 불안에 대처하는 능력을 익히고, 이후 실제 상황에 노출될 준비가 될 때까지 연습하는 거죠. 특히 비행기 탑승처럼 치료실에서 쉽게 재현하기 어려운 상황에도 이런 접근법이 유용합니다.

　현재 이런 기술들이 도움이 될 수 있지만, 전문가의 의학적 조언이나 치료를 대체할 수 있을 정도의 단계는 아니니 앱이나 **프로그램 등을 사용하더라도 치료자와 잘 상의하면서 진행하면** 치료에 추가적인 도움을 받을 수 있을 거예요.

공황장애, 기술의 도움으로도 관리할 수 있어요

- 최근에는 앱이나 프로그램을 활용해 공황 발작과 불안을 관리하는 방법이 생기고 있어요. 불안 기록, 이완 훈련, 상황 대처 방법 등을 도와주는 기능이 있어요.
- 임상적 효과가 검증된 앱을 선택하고, 가격·사용자 편의성·보안 기능도 고려해 보세요.
- 이런 기술들은 치료에 보조적인 수단으로 유용하지만, 전문가와 상의하며 병행하는 것이 좋아요.

공황장애 약을 언제까지 먹어야 하나요.
빨리 끊고 싶어요

규칙적인 생활을 하다 보니까 많이 편해졌어요. 아침저녁으로 운동도 하고, 편안한 음악도 듣고.

잘 지내고 계시네요.

선생님, 약을 임의로 끊으면 안 된다고 하던데, 공황이 또 발생하면 어쩌지 하는 걱정도 들어요. 한 달 반 동안 괜찮았는데도, 정말 이대로 계속 약을 먹어야 할까 하는 생각도 들어요.

네. 많은 분이 좋아지면 약을 끊고 싶어 하세요.

저는 "이제 괜찮아진 것 같은데 굳이 약을 왜 먹지?"라는 생각이 들 때가 있어요. 저녁 약은 잘 챙겨 먹는데, 아침에는 출근하느라 가끔 잊고 못 먹기도 해요. 약을 가끔 빼먹어도 괜찮기도 해요.

 조금 나아지면 약 먹는 게 소홀해지지요. 그런데 조금 나아졌다 싶어도 너무 일찍 끊으면 다시 악화될 수 있어요.

괜찮으니까 약을 일단 안 먹은 다음 증상이 있는지 보고, 증상이 나타나면 그때 치료할까 생각도 해 봤어요.

 보통 사람들이 그렇게 생각해요. 증상이 사라지면 괜찮으니까 약을 건너뛰기가 쉽고, 약을 안 먹어도 괜찮은지 확인해 보기도 해요. 그러다 보면 증상이 다시 심해져서 재발하는 경우가 많아요.

그러면 약을 얼마나 오래 먹어야 할까요? 네이버 같은 데에서 찾아봤을 때는 6개월도 있더라구요.

공황장애 약을 언제까지 먹어야 하나요. 빨리 끊고 싶어요

일반적으로 치료가 효과적이라고 판단되면 최소 8~12개월 정도는 약물치료를 유지하는 게 좋아요. 그래야 재발 위험을 낮출 수 있거든요.

그럼 상태가 좋아 보여도, 당분간은 계속 먹어야 한다는 거군요. 알겠어요. 그러면 제가 지금도 괜찮긴 하지만 꾸준히 약을 먹고, 병원에도 계속 오면서 상태를 확인하겠습니다.

 좋아요. 지금이 제일 중요한 시기니까, 소홀해지지 않도록 꼭 꾸준히 복용하셔야 해요. 혹시 복용 시간을 놓치거나 궁금한 게 있으면 언제든 병원에 문의하시고요.

공황장애 약, 언제까지 먹어야 할까요?

- 증상이 좋아졌다고 해서 약을 갑자기 끊으면 증상이 재발할 수 있어요.
- 약물치료는 최소 8~12개월 유지하는 것이 일반적이에요.
- 치료 효과가 안정적으로 유지되려면, 의사와 상의하며 꾸준히 복용하고 경과를 관찰하는 것이 중요해요.

공황장애는 치료를 해도 재발한다고 하던데요

2010년에 처음 공황이 왔을 때, 약을 먹고 제 판단에는 멀쩡했거든요. 그래서 이 정도면 됐다 생각하고 아예 병원에 안 갔어요. 그 부작용이 이제야 생기는 것 같아요.

부작용이 이제 생긴다는 것이 무슨 말씀이세요?

제가 그때 치료를 제대로 못해서 그런 거죠. 재발했잖아요. 처음 증상이 왔을 때 제가 열심히 치료를 잘했어야 하는데, 제 ㅈ-신이 너무 한심해요.

아, 물론 치료를 열심히 잘하는 건 중요하죠. 하지만 재발했다고 자신을 자책할 필요는 없어요.

선생님, 공황장애가 한번 좋아져도 언제든 다시 올 수 있다고 들었어요. 그러면 저는 이제 평생 약을 먹으면서 살아야 하는 건가요?

 많은 분이 같은 걱정을 하세요. 공황장애가 한번 나아도, 생활 습관이나 스트레스 상황 등에 따라 다시 재발할 수도 있습니다. 다만, 모든 환자가 평생 약을 먹어야 하는 건 아니에요.

그럼 완전히 낫는 사람도 있기는 한 거죠? 인터넷이나 주변에서 '공황장애는 감기처럼 반복해서 온다'고 하길래, 저도 계속 약을 먹어야 하는 줄 알았어요.

 네. 제대로 치료받고 증상이 충분히 가라앉으면 치료를 종료한 뒤에도 재발 없이 지내는 분도 많습니다. 하지만 치료를 중간에 서둘러 그만두거나, 스트레스를 과도하게 받는다든지 불규칙한 생활을 계속하면, 재발 가능성이 올라갈 수 있어요.

그렇다면 평생 약을 먹는 건 어떤 경우예요?

 우울증, 알코올 의존 등 다른 정신질환이 같이 있거나, 이전에 치료를 중단할 때마다 증상이 심하게 재발했던 병력이 있거나, 공황 증상이 매우 심했던 분들은 의사와 상의해 좀 더 오래 약을 유지하는 편이 안전할 수 있어요. 하지만 이런 경우라도 평생 무조건 약을 먹는 건 아니고, 일정 기간 유지한 뒤에 상태를 보면서 조절합니다.

아, 이해가 됐어요. 완전히 다 낫고 재발 없이 지낼 수 있는 분들도 있고, 일부는 재발 가능성이 있어서 계속 신경을 써야 한다는 거군요.

 맞습니다. 공황장애도 상처와 비슷해요. 충분한 치료로 완전히 아물면 다시 상처가 날 가능성은 낮아지지만, 무리하거나 관리를 제대로 못 하면 새로운 상처가 생길 수도 있죠. 그렇다고 해서 평생 꿰매고 연고만 바르고 사는 건 아니잖아요?

네. 그 말이 와닿네요. 그럼 저도 지금처럼 꾸준히 치료받고, 어느 정도 안정되면 서서히 약을 끊을 수도 있다는 거죠?

물론이죠. 단, 무리하게 갑자기 끊지 말고, 정신건강의학과 의사와 상의해 가면서 감량하는 게 중요해요. 또 생활습관(카페인과 술 줄이기, 운동, 수면 관리)이나 스트레스 관리에 신경 쓰면 재발 위험을 훨씬 낮출 수 있습니다.

네, 알겠습니다. 조금 안심되네요. 그럼 증상이 충분히 안정된 뒤에도 혹시 재발 조짐이 느껴지면 바로 병원에 가야겠죠?

그렇죠. 증상이 다시 올라오는 걸 빨리 알아차리고 치료를 조정하면 훨씬 쉽게 안정화할 수 있어요. 무조건 '평생 약'이라고 생각하기보다는, '잘 관리하면 약 없이 지낼 수도 있다'는 가능성도 열어 두고, 꾸준히 관리해 보시면 좋겠습니다.

공황장애의 재발 위험과 재발 예방을 위한 안내

공황장애의 재발 위험

- 공황장애의 성공적 치료를 위해 가장 중요한 요인은 **약물을 충분한 기간 충분한 용량을 복용하는** 것입니다.
- **재발의 제일 흔한 원인은 조기 치료 중단**이에요. 항우울제를 복용하지 않는 경우, 항우울제를 복용하는 환자에 비해 약 2배 이상(36.4%)의 환자가 재발한다고 알려져 있어 약물치료가 재발을 방지하는 데 매우 중요하다는 점을 시사해요.[10]
- 알코올 및 물질 남용, 커피나 흡연, 광장공포의 지속(회피 및 안전 행동의 지속), 다른 불안장애 특히 범불안장애 동반 시 재발이 흔하다고 알려져 있어요.

재발을 예방하려면?

- 재발에 대한 과도한 불안과 재앙적 사고가 오히려 불안을 크게 키우니, 이를 줄이는 심리적 대처가 중요해요.
- 약물치료를 중간에 서둘러 중단하지 않고, **완전히 안정된 뒤에도 정해진 기간 동안 치료를 유지**하는 것이 재발 방지의 핵심이에요.

공황장애의
일상적 관리 및 예방

- 제 생활 습관이 공황장애를 더 나쁘게 하나요
- 명상이 도움이 될까요
- 자기에게 친절하게 대하는 자기자비명상은 도움이 될까요
- 자기자비를 키우려면 구체적으로 어떤 연습을 하면 될까요

공황장애 관리 방법은 규칙적인 생활 습관 유지,
가벼운 운동, 명상, 호흡 연습이 포함됩니다.
자기자비와 자기연민을 훈련하여 불안에 친절하게 반응하고,
마음챙김명상과 자애명상으로 마음을 안정시킬 수 있습니다.
이러한 습관을 꾸준히 실천하는 것이 중요합니다.

제 생활 습관이
공황장애를 더 나쁘게 하나요

선생님, 저 공황 발작이 자주 생기는데, 혹시 예방하기 위해 평소에 할 수 있는 방법이 있을까요? 늘 공황이 갑자기 찾아와서 너무 힘들어요.

공황 발작 때문에 많이 힘드시죠. 미리 예방하고 증상을 줄이는 데 도움이 되는 방법들이 있답니다. 몇 가지 말씀드릴 테니, 들어 보시고 궁금한 것 있으시면 언제든 물어보세요.

네, 알겠습니다. 혹시 생활 습관과 관련해서 제가 신경 써야 할 점이 있을까요?

우선은 규칙적인 생활 습관이 아주 중요해요. 제일 먼저 식사를 제때 영양가 있게 하시는 게 좋아요.

약은 무조건 밥을 먹고 먹어야 되나요?

 밥을 잘 안 드시나요?

제가 공황장애 약을 먹어야 하기 때문에 사실 좀 챙겨 먹긴 했는데, 가끔 제가 못 먹을 때도 있으니까. 그럴 때는 사실 조금 늦게 약을 먹을 때도 있었거든요.

 밥이라는 게 뭐냐면, 우리가 먹는 음식에서 분해된 영양소가 장에서 흡수되어서 우리의 뇌를 움직이잖아요. 그러니까 당연히 밥을 먹어야죠. 그것도 균형 있는 식사로 잘 먹으면 좋지요. 그 영양소가 작용하는 걸 약이 도와주는 거예요.

그렇군요. 저는 잠도 안 와서 뒤척이다가 2~3시에 자는 편이에요. 그래서 아침에 늦게 일어나요. 잠을 못 자니까 낮에는 항상 피곤하고, 졸리고, 무기력해요.

잠을 제시간에 못 자서 힘드시군요. 좋은 수면의 질을 유지하기 위해서 몇 가지 습관과 환경을 조절하는 것이 중요해요. 제일 먼저 시도해 보면 좋은 것은 매일 같은 시간에 잠자러 가고 같은 시간에 일어나는 거예요. 이렇게 하면 우리 몸 안에 있는 생체 시계가 일정한 리듬을 만드는 데 도움을 주어서 잠을 잘 자게 해요. 밤에 잠이 안 올 때 뭘 하시죠?

잠이 안 오니까 자려고 자려고 하다가 안 되면, 일어나서 핸드폰으로 인터넷 검색하거나 유튜브를 보면서 시간을 보내요. 그러다가 졸리면 자구요.

잠이 안 오니까 여러 가지를 하게 되지요. 그런데 잠자기 삼십 분이나 한 시간 전에는 대개 잠잘 준비를 하는 것이 좋습니다. 예를 들어, 책을 읽거나, 편안한 음악을 듣거나, 가볍게 이완 운동을 하는 것이 좋습니다. 특히 긴장이 높고 불안이 많은 공황장애 환자분은 가볍게 근육이완운동이나 복식호흡 같은 것을 추천드립니다. 그리고 핸드폰, 텔레비전 등은 뇌를 계속 작동시켜 깨우기 때문에 자기 전이나 자다가 깨서도 이런 것을 차단하면 뇌가 더 쉴 수 있어요.

제 생활 습관이 공황장애를 더 나쁘게 하나요

아, 그렇군요. 저는 잠이 안 와서 그렇게 했는데. 잠이 안 올 때 눈을 감고 있으면 힘들어서 언제 잠이 오나 자꾸 시계를 확인해요.

 대개 잠이 안 오면 사람들은 자려고 자꾸 애를 씁니다. 자려고 애를 쓰는 것이 오히려 거꾸로 잠을 깨우는 문제가 있습니다. 누워서 "이제 자야 해. 지금 못 자면 내일 너무 피곤해서 일하는 데 지장이 있을 거야."라고 대개 스스로에게 이야기합니다. 그런데 이렇게 이야기하는 것이 오히려 경고등처럼 작용해서 잠을 깨우게 됩니다.

아, 그렇군요. 그러면 잠이 안 올 때 어떻게 해야 해요?

 가만히 눈을 감고 "잠이 오든 안 오든 나는 모르겠다." 하는 마음으로 누워 계시면 됩니다. 그러다가 도저히 힘들면 침대에서 나와서 어두운 거실에서 가볍게 스트레칭을 하고 앉아 있다가 졸리는 느낌이 들면 침대로 다시 가서 눕습니다. 처음에는 이렇게 하는 것이 번거롭고 이상하게 느껴지겠지만, 이렇게 하면 나중에 뇌가 졸리는 것과 침대를 연관 짓게 되어 "침대에 누우면, 이곳은 자는 곳이구나." 하고 알게 됩니다.

며칠 전에 저는 괜찮겠다 싶기도 하고 낮에 졸려서 커피를 마셨는데, 마신 다음에 한 5분? 10분? 그 정도 뒤에 갑자기 심장박동도 올라가면서 좀 안 좋아졌어요. 그래서 제가 커피를 잘 안 마셨단 말이에요. 어쨌든 커피도 안 마시는 게 흫은 거죠?

맞아요. 카페인이 많은 커피나 에너지 드링크는 심장을 두근거리게 만들어서 공황 발작과 비슷한 증상을 유발할 수 있어요. 특히 아침부터 공복에 커피를 마시면 더 예민해질 수 있죠. 조금씩이라도 아침을 챙겨 드시는 게 좋고, 커피도 천천히 줄여 보시면 어떨까 싶습니다.

커피를 너무 좋아해서 줄이는 게 쉽진 않을 것 같아요. 그래도 노력해 볼게요. 그럼 술은 어때요? 빨리 저는 일상으로 돌아가서 그냥 약도 안 먹고 술도 마시고 싶어요. 오히려 저는 술을 먹으면 불안이 가라앉을 때가 있던데, 어떻게 가라앉는 건지 모르겠어요. 뭔가 신경이 되게 예민해지고 이제 공황이 올 것 같은 느낌일 때 오히려 술을 마시면 그게 무뎌지더라구요.

왜냐하면 술이 안정제거든요. 그래서 옛날에 마취제가 없을 때는 마취할 때 썼잖아요. 그러니까 술을 마시면 안정이 되지요. **일시적으로 가라앉죠.** 그런데 문제는 **술이 나중에 몸에서 빠져나갈 때 불안이 확 증가합니다.** 어떤 분은 술을 마시고 난 다음 날 공황 증상이 와서 응급실에 오기도 해요.

저도 최근에 응급실 갈 때 술을 마시고 난 다음 날 갔거든요. 커피도 마시긴 했죠.

 그래서 지금 말씀하신 대로 "나도 술도 마시고 재밌게 살고 싶다."라는 건 본인에게는 해당이 안 됩니다. **"나는 술을 안 마시고 재밌게 살아야겠다."** 라고 마음을 먹는 것은 어떨까요?

음, 아무래도 술이나 커피를 줄여야겠네요. 운동 같은 건 어떤가요? 저한테도 도움이 될까요?

당연하죠. **가벼운 유산소 운동**, 예를 들면 걷기나 조깅, 수영 같은 걸 꾸준히 하면 몸과 마음의 긴장을 풀어 주는 효과가 있답니다. 그걸로 스트레스도 해소할 수 있고요. 단, 너무 과하게 하면 오히려 몸이 지쳐서 역효과가 날 수 있으니, **적당히 하시는 게 좋아요.**

운동을 하면 잠도 더 잘 오겠네요. 사실, 요즘 잠이 잘 안 와서 힘들거든요.

 맞습니다. **적절한 운동을 하면 밤에 피곤해져서 더 쉽게 잠들 수 있죠.** 규칙적으로 자고 일어나는 습관이 기본이지만, 자기 전에 너무 격렬한 운동은 오히려 역효과가 날 수 있으니 주의하시고요.

네, 알겠습니다. 그리고 스트레스를 많이 받으면 공황 발작이 심해지는 것 같아요. 스트레스 관리법도 알려 주실 수 있을까요?

 스트레스를 한꺼번에 받지 않도록 **일과를 조금씩 나누거나 우선순위를 세워서 천천히 해 보세요.** 또 **명상이나 호흡 연습 같은 이완 기법을** 배우면, 불안이 올라올 때 훨씬 침착하게 대처할 수 있습니다. **취미생활이나 주위 사람과 대화를 통해 스트레스를 풀어 주는 것도** 좋아요.

알겠습니다. 도움이 많이 될 것 같아요. 말씀해 주신 대로 생활 습관도 바꾸고, 운동도 해 볼게요. 선생님. 희망이 좀 생기네요.

좋습니다. 함께 노력해서 증상을 잘 관리해 봅시다. 잘 해내실 거예요.

　식습관, 수면 그리고 운동과 같은 생활 습관은 신체와 정신건강의 균형을 유지하는 데 중요한 역할을 합니다. 쉽게 말해, 이 세 가지는 신체 기능을 원활하게 유지하는 '엔진'과 같은 역할을 해요. 건강한 생활 습관을 유지하면 스트레스 조절 능력이 향상되고, 불안이나 공황 증상의 악화를 예방하는 데 도움이 될 수 있습니다. 또한 이미 겪고 있는 불안 증상을 완화하는 데에도 긍정적인 영향을 줄 수 있습니다.

　균형 잡힌 식단을 통해 탄수화물, 단백질, 지방, 비타민, 미네랄 등의 필수 영양소를 고르게 섭취하면, 뇌 기능이 안정적으로 유지되며 신경전달물질의 균형을 도와 감정 조절과 기분 개선에 기여할 수 있습니다. 커피, 초콜릿, 탄산음료처럼 카페인과 설탕이 많은 음식은 심장박동을 빠르게 하고, 몸을 긴장시키면서 불안을 높일 수 있으므로 섭취량을 줄이거나 디카페인 음료를 고려해 보는 것이 좋아요.

　알코올(술)은 처음엔 긴장을 풀어 주는 것 같지만, 시간이 지나면서 오히려 불안과 공황 증상을 더 심하게 만들 수 있어요. 공황장애 치료 과정에서 술을 과하게 마시면 치료 효과가 떨어질 수 있고, 약물과 알코올이 충돌할 위험도 있어요. 어떤 분은 술을 마시고 약을 드시지 않아서, 술로 인한 문제는 증가하고 약으로 인한 치료 효과가 떨어지는 문제가 생깁니다.

결국 건강한 식습관, 카페인과 알코올 조절 그리고 꾸준한 치료가 함께 어우러질 때 공황장애 증상을 더욱 효과적으로 관리할 수 있어요.

공황 발작, 생활습관으로도 예방할 수 있어요

- 규칙적인 생활 습관은 공황 발작 예방에 큰 도움이 돼요.
- 식사는 제때, 균형 있게 챙기고 약은 반드시 식후에 복용하세요.
- 수면은 일정한 시간에 자고 일어나는 습관이 중요해요. 자기 전에는 핸드폰, TV 대신 독서나 이완 운동이 좋아요.
- 카페인과 술은 피하는 것이 좋아요.
- 걷기, 수영 같은 가벼운 유산소 운동이 효과적이고, 너무 과한 운동은 피하세요.
- 일과를 나누고, 명상·호흡 연습 같은 이완 기법을 활용해 보세요.
- 취미나 가족, 친구와의 대화를 통해 정서적으로 안정되는 것도 좋아요.

명상이 도움이 될까요

선생님, 명상이 도움이 되나요?

 아, 무슨 명상을 하시나요?

호흡 명상이요.

 가만히 앉아서 호흡이 되나요? 집중할 수가 있어요?

네. 집중이 돼요.

아, 그러면 호흡을 하는 게 괜찮아요.

저는 유튜브를 보면서 호흡 훈련을 따라 해요.

 그런 거 좋네요. 호흡을 하면 편안해지지요. 천천히 들이마시고 내쉬고, 지금 한번 해 보세요. **호흡을 잘하시네요. 천천히 복식호흡을 들이쉬고 내쉬고, 너무 세게 하지 말고 편안할 정도로. 너무 깊게 쉬고 내쉬고 하지 말고. 편안할 정도로만.**

제가 처음에 공황이 오면서 숨이 답답했거든요. 그러면서 과호흡이 같이 왔었거든요. 그래서 숨이 좀 답답하면 호흡을 최대로 해요.

 숨이 답답하게 느껴지는 것이 공황의 한 증상이잖아요. 심장도 둥둥둥 뛰고 몸도 긴장되지요. 일종의 긴장과 불안의 표현이죠. 그 반대가 안정과 이완인데, 공황 발작 때 과호흡하듯이 힘을 많이 주고 긴장한 상태로 하는 것이 아니고, **느긋하고 이완된 상태의 몸과 마음으로 천천히 편안하게 복식호흡을 하시면 돼요.** 처음에는 약간 답답하듯이 느껴지지만 몸을 최대한 이완하고 호흡에 마음을 집중하고 천천히 반복하면 더욱더 이완되고 편안한 상태가 될 거예요.

복식호흡과 명상은 다른 건가요?

불안은 마음이 현재에 머물지 못하고, 아직 일어나지 않은 미래의 불안한 사건을 위험하게 떠올리면서 일어납니다. "나갔다가 공황이 오면 어떡하나." "숨이 가쁜데 공황 발작이 오는 거 아니야?" 등의 불안한 걱정과 생각에 쌓여서 마음이 헤매는 것과 같지요. 명상은 그렇게 떠도는 마음을 지금 여기 현재로 돌아오게 하는 것입니다. 주의를 현재의 몸과 마음에 두는 것이지요. 예를 들어, 복식호흡을 할 때, 떠도는 마음을 내버려두고 호흡에 따라 배가 불룩해졌다가 들어왔다가 하는 것을 계속 관찰하고 있으면, 즉 주의를 배의 움직임에 두고 있으면 명상이 되는 것입니다. 혹은 주의를 코끝에 두고 숨이 들어가고 나오는 것을 계속 관찰할 수도 있습니다.

 명상이 어떻게 불안을 조절하는 데 도움이 되나요?

불안장애가 있는 사람들은 흔히 마음이 불안한 생각의 숲을 헤매느라 매우 힘듭니다. 그럴 때 마음을 이렇게 호흡에 두면 불안한 마음에서 벗어나 편안한 상태에 머물게 되는 효과가 있습니다. 점차 호흡에 주의를 두는 시간을 늘리면 편안한 상태가 더 늘어나는 효과가 생기지요. 자신의 불안으로부터 멀리 떨어져서 객관적으로 관찰하는 힘이 저절로 늘어나면서 불안한 감정을 더 조절할 수 있게 됩니다.

그런데 호흡을 하고 있으면 자꾸 불안한 생각이 들어요. 숨도 찬 거 같구요.

 호흡에 주의를 둬도 떠오르는 생각에 마음이 끌려가서 떠도는 것은 정상적입니다. 뇌의 활동의 결과로 생각이 만들어지고 저절로 떠오르게 되지요.

그런데, 특히 불안한 생각은 우리의 마음을 끌어당기는 힘이 있어서 저절로 끌려가게 됩니다. 불안한 생각을 하면 신체도 숨이 차거나 가슴이 두근거리는 불안한 반응을 보이죠. 그때 정신을 차리고 **다시 부드럽게 호흡으로 돌아오면 됩니다.** 잡생각에 끌려가는 자신을 책망하지 말고, 그건 그냥 정상적인 거니까 알아채고, 다시 그냥 호흡으로 자연스럽게 돌아오고, 생각에 끌려가면 알아채고 다시 호흡으로 돌아오고. 이것을 반복하면 됩니다.

네. 그렇게 해 볼게요. 그런데 호흡 말고 다른 명상도 추천해 주실 수 있나요?

그럼요. 제가 가장 추천드리는 것은 **걷기 명상**입니다. 좀 더 정확히 말하면 제가 '**발바닥 마음챙김명상**'이라고 부르는 것인데, 천천히 산책을 하면서 주의를 발바닥의 감각에 두는 것입니다.

어떻게 하는 건데요?

 자, 지금 연습을 한번 해 볼까요. 몸을 편안히 하고 일어서 보세요. 눈을 편안하게 뜨거나 살짝 아래를 쳐다봅니다. 가볍게 숨을 들이마시고 내쉬면서 "지금부터 천천히 걸어 볼 거야."라고 마음속으로 준비합니다. 오른쪽부터 발을 들어서 내려놓고, 다음에 왼쪽 발을 들어서 내려놓으며 천천히 걷습니다. 한 걸음 한 걸음 발을 내디딜 때마다 발바닥이 땅을 누르는 느낌에 주의를 기울입니다. 발뒤꿈치가 먼저 닿는지, 아니면 발가락 부분이 먼저 닿는지, 압력이 어디에 실리는지 느껴 봅니다. 걸음을 옮길 때마다 발이 땅에서 떨어지는 순간과 다시 땅에 닿는 순간을 찬찬히 살펴보세요.

네.

 너무 급하게 서두르지 말고 **천천히 발바닥의 감각을 느끼면서 걸어 보세요.**

명상이 도움이 될까요

잡생각이 자꾸 떠오르는데요.

 걷다가 갑자기 '오늘 해야 할 일' '걱정되는 일' 같은 잡생각이 떠오를 수 있어요. 그럴 땐 "아, 생각이 올라왔구나." 하고 가볍게 알아차린 뒤, 부드럽게 다시 발바닥 감각으로 돌아옵니다. 생각을 억지로 없애려고 싸우지 말고, "생각이 있었구나." 하고 인정하고 놓아주면 돼요.

네. 잘 안 되는데 한번 해 볼게요.

 속도를 느리게 유지하면서 발걸음 하나하나에 주의를 기울입니다. 너무 오랫동안 걸을 필요는 없어요. 짧게 5~10분씩 하다가 익숙해지면 조금씩 시간을 늘려도 돼요. 실내에서도 할 수 있고, 마당이나 공원, 길거리에서 할 수도 있어요. 주변이 위험하지 않도록 주의하면서 걷습니다.
발바닥 마음챙김명상을 마칠 때는 잠시 멈춘 뒤, 호흡을 한두 번 깊이 해 보세요. 그리고 "지금 걸었던 시간 동안 발바닥 감각에 집중해 봤구나." 하고 스스로를 칭찬해 줍니다.

네. 조금씩 해 보도록 할게요. 감사합니다.

Part 5 · 공황장애의 일상적 관리 및 예방

'마음챙김명상'이란?

마음챙김이란 일반적으로는 우리의 몸과 마음에서 일어난 것을 알아차리는 것을 의미하는데, 생각이나 감정이 현재 이 순간에 우리의 마음에서 일어날 때 좋다 싫다 판단하지 않고 그때마다 그대로 알아차리는 것입니다.

다른 말로 하면, **우리가 하는 생각에서 멀리 떨어져서, 생각을 하나의 현상으로 바라보는 것입니다**. 그리고 그 생각에 대해 옳다 그르다 좋다 싫다 하는 판단을 유보하고, 그저 마음에 하나의 생각이 떠오르고 사라지는 것을 관찰자적 입장에서 바라보는 것입니다.

이런 마음챙김 방법을 훈련하는 것을 '마음챙김명상'이라고 하는데, 마음챙김명상은 우리의 생각에 대해 과잉 동일시하는 것을 탈동일시로 변환시키는 데 도움을 줍니다.

즉, "심장이 이렇게 심하게 뛰다가 심장마비가 올 거야."라는 생각을 하는 공황장애 환자가 마음챙김명상을 열심히 하다 보면, "아, 내가 이런 생각을 하고 있구나." 하고 불안한 생각을 하는 자신을 한걸음 떨어져서 단순히 바라볼 수 있는 마음의 힘을 가지게 됩니다.

마음챙김을 연습한 어떤 분은 불안한 생각이 들 때, "생각을 하고 있구나." 하고 인식하면 싹뚝 하고 생각이 사라진다고 자신의 경험을 이야기하기도 해요. 생각을 바구니에 담지 마세요.

 ### '발바닥 마음챙김명상'이란?

일상에서 **걷는 순간을 이용해 몸의 감각을 느끼면서 마음을 차분히 가라앉히는 명상법**이에요. 특히 발바닥이 땅에 닿는 감각에 집중하면서 천천히 걸으면, 잡생각으로부터 잠시 벗어나 현재에 머무르는 연습을 할 수 있습니다. 도로나 복잡한 곳에서는 부딪히거나 넘어질 수 있으니, 조용한 산책로를 찾아 주변을 꼭 살피면서 천천히 걸으세요.

걷는 동안 잡생각이 완전히 사라지는 건 쉽지 않아요. 잡생각이 오면 "아 또 생각이 왔네." 하고 알아차린 다음, 다정하게 발바닥 감각으로 돌아오면 됩니다. 처음부터 "이 명상을 하면 바로 마음이 평온해질 거야!" 같은 기대를 하기보다는, 지금 이 순간 발바닥 감각을 느끼는 연습이라는 마음으로 가볍게 임하세요.

하루 5분이라도 좋으니 규칙적으로 해 보세요. 잠시 걸을 때 발바닥 감각에 집중하는 것만으로도, 마음이 한결 차분해지는 경험을 할 수 있습니다. 오랜 습관인 잡생각을 한 번에 없애긴 어렵지만, 자꾸 하다 보면 점차 지금 이 순간에 머무르는 힘이 길러질 거예요.

공황장애에 도움이 되는 명상들

마음챙김명상이란?

- 마음챙김은 지금 떠오르는 생각이나 감정을 판단 없이 있는 그대로 알아차리는 것이에요.
- 생각을 하나의 현상처럼 바라보며, 휘말리지 않고 거리를 두는 연습을 해요.
- "불안한 생각이 드네." 하고 인식만 해도 불안이 줄어들 수 있어요.

발바닥 마음챙김명상이란?

- 걷는 동안 발바닥 감각에 집중하며 현재에 머무르는 연습이에요.
- 잡생각이 들던 "생각이 왔네." 하고 알아차리고, 다시 발바닥 감각으로 돌아오면 돼요.
- 조용한 산책로에서 천천히, 하루 5분만 해도 마음이 차분해질 수 있어요.
- 중요한 건 기대를 하기보다는 연습이라는 가벼운 마음으로 꾸준히 실천하는 거예요.

자기에게 친절하게 대하는 자기자비명상은 도움이 될까요

선생님, 공황장애가 있어서 늘 불안하고 힘들어요. 주변 사람들은 잘 버티는 것 같은데, 저는 왜 이렇게 못 견디고 자꾸 불안에 휩싸이는 걸까요? 저 자신이 너무 한심해 보여서 자책하게 돼요.

공황장애가 있을 때, 흔히 '나 혼자만 불안하고 세상과 단절되어 있다'는 느낌을 많이 받으실 수 있어요. 그러면서 "다른 사람들은 잘 이겨 내는데 나만 너무 나약해서 못 견디고 있다."라고 자책하기도 하죠. 사실, 이런 생각은 불안한 감정과 생각이 겹치면서 더 힘들게 만드는 부분이에요. 이럴 때 <u>스스로에게 좀 친절하게 대해</u> 볼 수 있을까요?

그런데 저 스스로에게 친절하게 하는 게 참 어색해요. 마음속으로는 '이러면 안 된다'고 생각하면서도 자꾸만 저를 비난하게 돼요.

맞아요. 우리는 자기 자신을 돌보는 데 어색함을 느끼거나, 스스로를 위로하는 것을 불편하게 여기는 경우가 많아요. 그런데 자기 자신에게 친절하게 대하는, 흔히 '자기자비' 혹은 '자기연민'이라고 하는 것이 공황장애나 불안 예방에도 도움이 될 수 있어요.

자기자비가 뭔지 좀 자세히 알려 주세요. 제가 저를 비난하거나 자책하는 대신, 구체적으로 어떻게 해야 친절함을 실천할 수 있을까요?

자기자비는 우리가 원하던 대로 일이 풀리지 않거나, 스스로 부족하다고 느껴질 때, 자신을 자책하며 몰아붙이는 대신 친절한 태도로 대하는 것을 말해요. 다시 말해, 실패하거나 부족하다는 생각이 들 때, 그런 생각과 감정을 알아차리고, 나만 힘든 게 아니라 인간이라면 누구나 이런 고통을 겪는다는 사실을 인식하고, 부정적인 감정과 생각에 완전히 빠지지 않고 살짝 물러나서 그 불안을 바라보면서, 그런 자신을 비난하기보다 친절하게 대해 주는 거죠.

아, 불안해하는 것이 "나 혼자만 그런 것이 아니고 사람이라면 누구나 겪을 수 있는 일이구나."라고 받아들이고, 스스로에게 "너무 힘들겠구나." 하고 위로해 주는 느낌인가요?

 맞아요. "아, 내가 지금 불안을 경험하고 있구나." 하고 현재의 경험을 알아차리면서, "고통은 삶의 일부다."라고 받아들이고, 부드럽고 다정한 목소리로 자신에게 "내가 편안하기를…. 내가 불안에서 벗어나기를…." 하고 위로해 주는 거예요. 지금 같이 한번 해 볼까요?

네.

이것은 불안이구나.

이것은 불안이구나.

불안은 삶의 일부다.

불안은 삶의 일부다.

자기에게 친절하게 대하는 자기자비명상은 도움이 될까요

내가 편안하기를.

내가 편안하기를.

 어떤가요?

잘 모르겠어요. 조금 편안한 거 같기도 하고.

 네. 지금은 너무 많이 기대하지 마시고, 매일 조금씩 연습해 보세요. 불안을 한 번에 없애야겠다는 생각을 잠시 접어 두시구요. 현대사회는 우리에게 '완벽하게 불안을 없애야 한다'는 비현실적인 기대를 심어 주곤 해요. 하지만 인간은 원래 불안을 느끼는 존재예요. 불안은 인간이면 누구나 느끼는 삶의 일부라는 걸 받아들이면, "왜 난 이렇게 나약할까."라는 자책에서 조금 벗어날 수 있어요.

그래도 불안 자체가 너무 힘들어서 피하고 싶은 마음이 커요. 그럼 피하려고 하면 할수록 더 커지는 걸까요?

 네. 불안은 피하려고 할수록 더 오래 머무를 때가 많아요. 비유하자면, 만나기 싫은 친구가 문을 열고 들어오려

하는데 우리가 문을 꼭 붙잡고 있으면, 계속 그 친구와 마주해야 하잖아요? 그런데 차라리 문을 열어서 방 안에 들어오게 두고, 크게 신경 쓰지 않고 그냥 내버려두면, 그 친구도 처음에는 난리를 치겠지만 시간이 지나면 "에이, 재미없네." 하고 떠나갈 거예요. 불안도 마찬가지로, "아, 불안이 왔구나." 하고 알아차린 뒤, 밀어내려고 다투기보다 내버려두고 내가 하던 일이나 할 일을 하고 있으면 저절로 사라지겠지요.

불안을 적극적으로 환영할 순 없지만, 긍정적인 부분을 보면 도움이 된다고 들은 것 같아요.

그렇죠. 사실 불안에는 우리를 준비시키고 보호하려는 긍정적인 역할이 숨어 있어요. 면접을 앞둔 취준생이 미리 불안을 느끼면, 그 불안을 동력 삼아 면접 준비를 철저히 할 수 있잖아요? 공황장애나 범불안장애 환자도, 결국 '위험이나 힘든 상황을 미리 대비하려는' 좋은 의도가 있어서 불안을 느끼는 거예요.

그렇다면 그 좋은 의도는 인식하되, 불안한 생각이나 불안감에 휘말릴 때 자신에게 친절하게 대한다…. 이렇게 보면 되나요?

자기에게 친절하게 대하는 자기자비명상은 도움이 될까요

맞아요. '내가 가진 좋은 의도'를 알아차리고, 여기에 따라오는 부정적 감정들은 괴롭겠지만, 너무 자책하지 않고 스스로를 부드럽게 돌보는 태도를 가져 보는 거죠. 그렇게 하면 불안을 훨씬 더 잘 이겨 낼 수 있어요. 실제 연구에서도 자기자비가 높을수록 우울과 불안을 덜 경험하는 것으로 나타나고, 실패에서 더 잘 회복하는 경향이 있다는 결과가 많이 있어요.

불안을 이겨 내는 따뜻한 방법, 자기자비

- 공황장애가 있으면 자주 자신을 자책하고 남과 비교하게 돼요. 이럴 때 필요한 건 자기자비, 즉 자신에게 친절하게 대하는 태도예요.
- 자기자비란, 불안하거나 실수했을 때 "왜 이래?" 하고 비난하는 대신 "불안은 누구에게나 올 수 있어."라고 이해하고 위로해 주는 것이에요.
- 불안을 없애려 애쓰기보다 "이건 불안이구나." 하고 그냥 알아차리고 내버려두는 연습이 도움이 돼요.
- 불안은 때로 우리를 보호하려는 신호일 수 있어요. 그 의도를 인정하면서, 부정적인 감정에는 부드럽게 반응해 보세요.
- 자기자비가 높을수록 불안이나 우울에 덜 휘말리고 회복도 더 빨라요.

자기자비를 키우려면 구체적으로 어떤 연습을 하면 될까요

선생님, 자기자비를 키우려면 구체적으로 어떤 연습을 하면 될까요?

자기자비 혹은 자기연민 명상(self-compassion meditation)이라고 불리는 방법이 있어요. 우리의 몸에는 '위협이 있을 때' 활성화되는 시스템과 반대로 '우리 스스로를 위로하고 안심시키는' 시스템이 있어요. 현대 사회에서는 심리적·사회적 위협이나 압박만으로도 위협시스템이 과도하게 활성화되는 경우가 많습니다. 이럴 때 '의로/안심시스템'을 일부러 깨워 주면 불안반응을 진정시킬 수 있는데, 가장 간단한 방법 중 하나가 '위로의 손길'이에요.

위로의 손길이요? 어떻게 하는 건가요?

 네. 지금 같이 한번 해 보시죠. **손을 가슴 위나 뺨, 어깨 혹은 편안하게 느껴지는 곳에 올려놓고 그 따스함을 느껴 보는 거예요.** 한번 해 보세요. 그리고 잠시 시간을 가지면서 느낌을 알아차려 보세요···. 이 동작만으로도 우리 몸에 '내가 안전하다, 괜찮다'는 신호가 전해지면서 안심시스템이 활성화됩니다. 불안을 느낄 때마다 손을 가슴에 올려놓고 **"지금 내가 힘들구나. 그래도 괜찮아. 내가 편안하기를."** 하고 스스로에게 따뜻하고 부드러운 목소리로 천천히 말해 주는 거죠. 해 보세요. 어때요?

가슴이 좀 진정이 되고 따듯한 손이 느껴져요.

 네. 가슴뿐만 아니라 몸의 다른 곳에 손을 올려놓고 따스한 느낌을 느껴 보는 연습을 평소 자주 해 보세요.

네. 아주 쉬운 방법이네요. 뭔가 편안하고 따뜻해지는 느낌이에요.

또 '쟈기연민브레이크'라는 기법도 있어요. 불안이나 고통을 느낄 때 언제든 빠르게 시도할 수 있죠. 아까 제가 앞에서 잠깐 설명을 드리긴 했는데, 먼저 불안한 상태를 알아차리면서 "이것은 고통의 순간이다."라고 스스로 말하고, "고통은 누구나 겪는 삶의 일부다."라고 다시 확언해 주는 거예요. 그러고 나서 손을 가슴에 올려놓고, "내가 내 자신에게 친절하기를." "내가 편안하기를." 같은 말들을 천천히 따스한 어조로 건네는 거죠. 자, 지금 같이 한번 해 보시죠.

(잠시 후) 마음이 좀 가라앉는 기분이에요. 왠지 나도 나를 돌볼 수 있구나 싶고요.

그렇죠. 마지막으로 '자애명상'을 소개해 드릴게요. "내가 편안하기를, 내가 행복하기를, 내가 평화롭기를." 같은 문구를 부드럽게 반복하는 연습인데, 손을 가슴에 올려놓고 하면 훨씬 효과적이죠. 지금 가슴에 손을 올려놓고 손바닥의 따스함을 느끼면서 속으로 같이 한번 따라 해 보세요. "내가 편안하기를, 내가 행복하기를, 내가 평화롭기를."

(따라 해 본다.)

자기자비를 키우려면 구체적으로 어떤 연습을 하면 될까요

사랑하는 사람에게도 "당신이 편안하기를…."이라고 바꿔서 해 보면, 세상을 향한 마음을 여는 데 도움이 되기도 해요.

조금 낯설지만, 해 볼 가치가 충분히 있을 것 같아요.

좋아요. **자기 전이나 아침에 눈을 뜨자마자 바로 침대에서 나오지 마시고, 자애명상을 매일 해 보시면 마음을 따뜻하게 데우는 데 도움이 될 겁니다.** 여러 가지 스트레스로 위협시스템이 활성화되면 우리는 마음을 닫아 차가워지거든요. 자애명상을 통해 마음이 따뜻해지면 닫혔던 가슴이 열리고, 보다 세상이 풍요롭게 다가올 거예요.

네. 불안을 없애려 하지 말고, 자연스러운 내 일부라고 인정하면서 스스로를 따뜻하게 대하는 연습을 해 보겠습니다.

좋아요. 늘 말씀드리지만, 불안은 삶의 일부이고, 우리 모두가 어느 정도 불안을 겪으면서 살아갑니다. "내가 편안하기를, 당신이 편안하기를, 우리 모두 편안하기를." 이런 마음으로 하루하루를 지내면, 공황장애로 인한 불안도 점차 다스리기 쉬워질 겁니다. 혹시 더 궁금한 점 있으면 언제든 말씀하세요.

> 네, 감사합니다. 자기자비라는 개념이 조금씩 이해가 되네요. 말씀해 주신 방법들 꼭 시도해 볼게요.

> 네, 자기자비/자기자애 명상의 구체적 방법들은 여러 가지 책이나 자료가 많이 있으니 찾아보시면서 연습하시면 될 거예요. 제가 번역한 학지사에서 출판한 『러브유어셀프』란 책도 있는데, 내용은 좀 어려우니 대강 읽어 보시고, 그 안에 있는 연습 문제를 해 보시면 도움이 될 거예요. 언제든 힘들거나 궁금한 점 있으시면 오셔서 얘기 나눠요.

자기자비를 훈련하는 명상을 '자기자비명상'이라고 하는데, 자기자비를 이해하고 연습하는 간단한 방법으로는 진정으로 아끼고 사랑하는 친구에게 어떻게 대할 것인지를 생각해 보는 거예요. 그들이 힘들어할 때, 비난하면서 징징거리지 말라고 야단을 칠 것인지, 아니면 부드럽고 친절한 어조로 위로의 말고 손길을 건넬 것인지?

우리 몸에는 우리를 위로하고 안심시키는 회로가 장착되어 있는데, 위협적인 순간에는 이 위로/안심시스템이 꺼지고, 위협시스템이 활성화되어 우리를 지키도록 설계되어 있어요. 그런데 물리적·신체적 위협이 아니더라도 현대 사회에서는 여러 가지 가상의 또는 실제적인 사회적·심리적 위협이 위협시스템을 활성화시켜요. 예를 들어, '비판적인 상사와의 미팅' '가족의 안위에 대한 걱정' '재정

적인 불안' '공황 발작이 있었던 지하철을 타야 하는 상황' '안 좋은 일이 일어날 것이라는 상상'만으로도 위협시스템이 활성화되어 심장 두근거림, 숨 가쁨 등의 신체적 불안 반응이 나타날 수 있어요.

이런 위협시스템이 활성화되면 위로/안심시스템은 비활성화되는데, 훈련을 통해 위로/안심시스템을 활성화시키면 반대로 위협시스템이 잠잠해지게 됩니다. 목소리나 감촉을 통해 위로/안심시스템을 활성화시킬 수 있어요. 그중 좋은 방법은 '위로의 손길'이라는 방법이에요. 손을 가슴이나 뺨, 어깨 또는 다른 편안한 곳이 두고 손의 따스함이나 감촉을 느껴 보는 위로의 손길은 신체적으로 위로/안심시스템을 활성화시켜요. 손을 가슴에 올려놓는 단순한 몸동작만으로도 친절과 자비를 자신에게 표현할 수 있는 방법이에요. 불안해하고 있는 자신을 발견할 때마다 위로의 손길을 자신에게 건네면 좋을 거 같아요.

다른 추천하고 싶은 한 가지 방법은 '자기연민브레이크'인데, 이것은 고통에 직면할 때 언제든지 빠르게 적용할 수 있는 좋은 방법이에요. 불안해질 때, 불안한 감정과 신체 증상을 바라보면서 "이것은 고통의 순간이다."라고 자신에게 천천히 친절하게 말해 봅니다. 그리고는 자신에게 다시 천천히 분명하게 "고통은 삶의 일부다."라고 말해 줍니다. 또는 "나는 혼자가 아니야. 내 주변의 사람들도 이런 상황에서는 나처럼 느껴."라고 말해 봅니다. 그리고 손을 가슴이나 다른 위로가 되는 곳에 올려놓고 "내가 내 자신에게 친절하기를." "내가 편안하기를." "내가 이 순간 내 자신을 부드럽게 돌볼 수 있기를." 같

자기자비를 키우려면 구체적으로 어떤 연습을 하면 될까요

은 자기 친절의 말을 자신에게 들려 줍니다.

마지막으로, 자신 또는 타인을 향한 자애의 마음을 불러일으키는 '자애명상'을 소개할게요. 여러 가지 이유로 불안한 마음을 가지고 살고 있지만, 아마도 우리는 마음 깊은 곳에서 모두 행복하기를 바라는 마음을 가지고 있을 거예요. 이러한 자애의 마음을 인식하고 배양함으로써 불안이나 우울을 피하려고 닫힌 마음을 조금씩 여는 따뜻한 방법이 자애명상이에요.

손을 가슴이나 다른 위로가 되는 곳에 부드럽고 올려놓고, 친절하고 따뜻한 어조로 스스로에게 "내가 편안하기를.", "내가 행복하기를.", "내가 평화롭기를.", "내가 건강하기를." 등의 말을 천천히 반복합니다. 타인을 향한 자애명상은 "내가"를 "당신이"나 이름으로 바꾸어 반복합니다. 자기 전이나 아침에 눈을 뜨자마자 또는 하루 중 아무 때나 자애명상을 한다면 가슴을 따뜻함으로 채울 수 있을 거예요.

인간은 누구나 살아가면서 순간순간 불안을 경험합니다.

"불안은 삶의 일부다. 내가 편안하기를. 당신이 편안하기를. 우리 모두 편안하기를."

자기자비명상, 불안을 따뜻하게 안아 주는 연습

- 자기자비명상은 힘들 때 자신을 비난하기보다 친절하게 위로하는 연습이에요.
- 좋은 친구에게 하듯, 따뜻한 말과 손길로 스스로를 다독이는 것이 핵심이에요.
- 위로의 손길은 손을 가슴, 뺨 등에 올려 따뜻함을 느끼는 간단한 연습이에요.
- 자기연민브레이크는 고통스러울 때 "이것은 불안이다." "이건 고통의 순간이야." "고통은 삶의 일부야. 내가 편안하기를."이라고 스스로를 다독이는 말을 해요.
- 자애명상은 "내가 행복하기를, 당신이 평화롭기를…." 같은 말을 부드럽게 반복하며 자신과 타인을 향한 따뜻한 마음을 키우는 명상법이에요.
- 불안을 없애려 하기보다, 그 자체를 받아들이고 스스로에게 따뜻하게 대하면 마음이 한결 편안해질 수 있어요.

자기자비를 키우려면 구체적으로 어떤 연습을 하면 될까요

가족과 친구에게

* 아내가 공황 발작 때문에 힘들어하고 있어요
* 혼자 있기 불안하다고 계속 같이 있어 달라고 해요
* 무섭다고 엘리베이터를 안 타려고 하고, 터널도 돌아가자고 해요

가족과 친구들이 환자의 불안을 이해하고 차분히
대처하는 것이 공황장애 환자에게 도움이 됩니다.
부정적인 말 대신 공황장애가 치료 가능한 질환임을 인식하고,
복식호흡과 이완 훈련을 함께 연습합니다.
회피 행동을 점차 줄여 가며,
환자가 불안을 다루는 능력을 키울 수 있도록 돕고,
본인도 휴식을 취하며 지치지 않도록 합니다.

아내가 공황 발작 때문에
힘들어하고 있어요

제가 이 책을 쓰게 된 중요한 동기 중 하나는 가족이나 친구가 공황장애를 겪고 있을 때 어떻게 도와주어야 하는가 하는 질문을 많이 듣게 되었기 때문이에요. 옆에서 사랑하는 사람이 고통을 겪고 있는 것을 보는 것은 매우 힘든 일이에요. 어떻게든 도와주어야 할 것 같은데, 어떻게 해 줄지를 모르니 더욱 답답하고 힘들지요. 우리가 어떤 것을 모를 때는 두렵고 불안하지만, 알게 되면 대처를 할 수 있고 평온을 유지할 수 있지요. 그래서 가장 먼저 할 수 있는 일은 공황장애에 대해서 증상이나 원인, 치료에 대해 간단히 공부해 보는 것입니다. 그러면 사랑하는 사람이 겪고 있는 힘든 상황을 더 잘 이해하고 공감할 수 있을 것입니다.

중요한 점 중 하나는, "의지가 약해서 그렇다." 또는 "성격이 예민해서 그렇다." 등의 부정적인 말을 하는 것보다는, 공황장애가 의학적으로 치료가 가능한 질환이라는 사실을 정확히 인식하는 것입니다.

이 책의 상당 부분을 공황장애에 대한 오해와 치료에 대해 서술한 이유가 여기에 있습니다. 약물치료만 잘 따라와도 증상이 상당히 호전될 수 있다는 것을 경험할 수 있을 거예요.

다음으로, 공황 발작이나 불안 같은 감정은 물밀듯이 밀려오다가도 시간이 지나면 저절로 점차 가라앉는 성질이 있어요. 공황 발작으로 무서워하고 불안해하는 것을 지켜보는 것도 매우 고통스러운 일이지만, 다행스럽게도 공황 발작은 10분 내지 20분의 정도 시간이 지나면 저절로 호전된다는 것을 아는 것이 견디는 데 도움이 될 거에요. 사랑하는 사람이 불안으로 인해서 힘들어하면, "그럴 수 있어."라고 그대로 수용해 주고, 옆에서 차분한 태도로 "나 여기 있어. 괜찮아."라고 말하면서 함께 있어 주면 심리적 안정감을 줄 수 있습니다.

만약 공황 발작이 밀려와서 사랑하는 사람이 두려워하고 놀랄 때는, 같이 불안해하면서 놀라서 큰소리로 "진정해!" "겁낼 거 없어!"라고 당황해서 말하거나 "오버하지 마!" 하는 식으로 비난하기보다는, 차분하고 안정된 낮은 목소리로 "괜찮아, 조금씩 숨을 천천히 쉬어 봐." "자, 들이쉬고 내쉬고 나하고 같이 천천히 해 보자." 하고 같이 천천히 호흡을 하면서 안내해 주세요.

평소에 복식호흡이나 이완 훈련을 환자와 같이 연습해 두면 이럴 때 같이하면서 공황 발작에 대처하는 데 도움이 됩니다. 공황 발작 중에는 논리적인 설명보다는 따뜻하게 손을 잡아 주거나 편안하게 안아 주면서 "내가 같이 있어 줄게."와 같은 안심시키는 위로의 말을 건네는 것도 도움이 될 수 있습니다.

말을 따라올 수 있는 정도의 상태라면, "지금 눈에 보이는 다섯 가지를 하나하나 이름을 대 봐." 또는 "발바닥이 어떻게 느껴지는지 말해 봐. 부드러워? 딱딱해? 따뜻해? 차가워?" 등의 착지 기법을 사용할 수 있습니다. 무엇보다 안정되고 따뜻한 목소리로 안심시켜 주는 것이 중요해요.

평소에는 사랑하는 사람이 꾸준히 건강한 생활 습관을 유지할 수 있도록 같이 참여해 주고, 스트레스가 심해지거나 불안 증상이 올라오는 것 같으면 휴식을 적절히 취할 수 있도록 도와주고, 병원도 자주 방문하도록 권유해 주세요.

공황장애에서 중요한 심리적 두려움 중 하나는 '혼자라는 느낌'이에요. 함께 문제를 이해하고, 따뜻하게 옆에서 손을 잡아 주고, 치료를 지지해 주는 가족이나 친구의 존재는 환자가 병을 이겨 내는 데 큰 힘이 될 거예요.

마지막으로, 사랑하는 사람을 돌보느라 자신도 지치지 않도록 적절히 본인만의 휴식이나 취미생활을 하면서 소진되는 것을 예방하는 것이 중요해요. 🌸

공황장애를 겪는 가족과 친구를 어떻게 도울 수 있을까요?

- "의지가 약해서 그래." 같은 말은 피하고, 공황장애는 치료 가능한 질환이라는 점을 정확히 인식해야 해요.
- 공황 발작은 보통 10~20분 내에 가라앉는다는 점을 알고, 놀라지 말고 차분하게 옆에 있어 주는 것만으로 큰 힘이 돼요.
- 평소 함께 복식호흡이나 이완 훈련을 연습해 두면 위기 상황에 도움이 돼요.
- 일상에서는 건강한 습관을 함께 유지하고, 증상이 심해질 땐 휴식과 병원 방문을 도와주세요.
- 무엇보다 중요한 건 "혼자가 아니다."라는 안정감을 주는 거예요.
- 그리고 돌보는 사람도 지치지 않도록, 스스로를 돌보며 적절히 휴식을 챙기는 것도 꼭 필요해요.

혼자 있기 불안하다고
계속 같이 있어 달라고 해요

제가 출근하고 나면 그때부터 아내가 혼자 있을 거잖아요. 혼자 있으니까 불안이 생기고, 앞으로도 계속 혼자 있어야 한다는 생각에 불안하다고 해요.

네. 혼자 있을 때 불안한 거죠?

네, 그렇죠. 혼자 있는 게 좀 무섭다고 해요. 혼자 있다가 공황 발작이라도 오면 어쩌냐고, 저도 없고 아무도 없는데 공황이 와서 쓰러지면 어쩌냐고 해요. 공황 발작이 와서 쓰러졌을 때 도와줄 사람이 없을까 봐 두렵다고 해요. 제가 없으니 병원에도 갈 수 없고 큰일이 날까 봐 걱정합니다. 제가 원래 직장이 멀어 직장 근처에

방을 잡아 두고 있었는데, 아내 때문에 매일 출퇴근을 하고 있어요. 새벽에 일어나서 겨우겨우 출근하는데 좀 힘들죠.

이해됩니다. 남편분께서도 옆에서 지켜보시는 게 힘드시죠. 아내분은 **공황이 왔을 때 아무도 도와줄 수 없을 거라는 광장불안**을 겪고 있는 상태에요. 어떤 분들은 아내분처럼 혼자 있을 때 불안감이 더욱 심해지는 경우가 많습니다.

어떻게 해야 되나요? 계속 이럴 수도 없고. 병원에 다니면서 조금 나아질 수는 있나요?

우선, 남편분께서 아내분의 이러한 **불안과 걱정을 이해해 주시는 게 중요합니다**. 아내분이 불안을 느낄 때, 그 불안을 무시하기보다는 이렇게 말해 보세요. "당신이 혼자 있을 때 불안한 마음이 드는 건 충분히 이해돼요. 내가 최대한 당신을 돕기 위해 노력할게요."

네, 알겠습니다. 다른 방법도 있을까요?

몇 가지 구체적인 방법을 제안해 드릴게요. 남편분께서 출근하기 전에 아내분에게 연락 가능한 상황임을 알려 주세요. "내가 출근 중에도 전화를 받을 수 있으니 걱정하지 마세요." 이런 식으로 안심할 수 있는 말을 해 주세요. 그리고 공황 발작이 발생했을 때 어떻게 대처할지 아내와 같이 앉아서 미리 대처 계획을 세워 보세요. 예를 들어, 응급전화 리스트, 가까운 친구나 가족의 연락처를 준비해 두는 겁니다.

네. 그러면 도움이 되겠군요. 이렇게 해 두면 저도 출근하면서 마음이 좀 편할 것 같아요.

그리고 평소에 공황 발작은 신체적으로 큰 위험을 주지 않는다는 점을 반복적으로 상기시켜 주세요. "발작이 지나갈 거라는 걸 우린 알고 있어요. 큰일은 나지 않을 거예요." 같은 말을 자주 해 주는 것도 효과적입니다. 그리고 아내분께서 혼자 있는 시간을 조금씩 늘려 보는 연습을 할 수도 있습니다. 억지로 하지 마시고 부인의 속도에 맞추어 주되 같은 경우에 처음에는 10분, 20분씩 시도해 보며 혼자 있어도 괜찮다는 경험을 쌓아 가도록 도와주세요.

아, 그런 식으로 조금씩 같이 해 보면 아내도 안심할 수 있겠네요.

맞습니다. 혼자 있는 시간을 점차 늘려서 출근해도 아내가 편안해질 때까지 같이 노력해 보세요. 남편분의 지지가 아내분의 회복에 큰 역할을 할 거예요. 추가적으로, 남편분께서도 스트레스를 관리하기 위해 상담을 받거나 아내분의 치료 과정을 함께 이해할 수 있는 자료를 읽는 것도 좋습니다.

광장공포증 대처 기술

공감하고 안심시키기

- "혼자 있을 때 불안한 마음이 드는 건 충분히 이해돼요. 내가 도와줄 방법을 생각해 볼게요." 같은 말을 통해 아내의 불안을 무시하지 않고 공감해 주세요.

안전망 구축

- 출근 전, "내가 언제든 전화를 받을 수 있어요." 같은 말을 통해 연락 가능한 상황임을 알려 주세요.
- 공황 발작이 발생할 때를 대비해 응급 전화 목록과 가까운 사람들의 연락처를 준비하세요.

사전 대처 계획 세우기

- 아내와 함께 공황 발작이 발생했을 때 대처 방안을 논의하고 미리 준비하세요(예: 심호흡 연습, 긴급 연락 방법).

긍정적인 확신 주기

- "공황 발작은 항상 지나가요. 큰일은 생기지 않아요." 같은 긍정적인 말로 아내를 안심시켜 주세요.

혼자 있는 시간 점진적으로 늘리기

- 주말에 처음엔 10분, 20분처럼 짧게 혼자 있는 연습을 시작하세요. 아내가 조금씩 자신감을 쌓도록 속도를 맞춰 주세요.

남편의 역할

- 남편 역시 스트레스를 관리하기 위해 상담을 받거나, 아내의 치료를 이해할 수 있는 자료를 읽는 것이 도움이 됩니다.

무섭다고 엘리베이터를 안 타려고 하고, 터널도 돌아가자고 해요

"무섭다고 엘리베이터를 안 타겠다고 해요."
"터널도 돌아가자고 합니다."

이런 말은 공황장애 환자들이 흔히 경험하는 회피 행동입니다. 본인뿐만 아니라 가족들도 이러한 행동들 때문에 불편하고 소진되는 경우가 흔하고, 어떻게 해야 할지 몰라 짜증 나고 서로 다투는 경우가 많습니다.

이런 경우에는 우선 회피 행동에 대해 이해하는 것이 중요해요. 불안이나 공황 발작은 환자 본인에게 매우 힘든 경험이에요. 그래서 대개 불안이 유발될 수 있는 상황을 미리 피하여 불안을 경험하지 않으려고 하는데, 이런 것을 회피 행동이라고 해요. 문제는 단기적으로는 불안을 피하기 때문에 안심이 되는데, 장기적으로 이런 회피 행동이 불안을 지속시키는 것이 문제입니다. 그래서 가족이 불안한 상황에 천천히 맞닥뜨릴 수 있도록 안심시키며 지지해 주는 것이 중요해요.

Part 6 · 가족과 친구에게

엘리베이터를 탈 때나 터널을 지나가기 전에 "당신이 엘리베이터나 터널에서 불안해지는 걸 알고 있어요. 내가 당신하고 같이 있으니 안심해요."라고 환자의 불안을 인정해 주고 안심하는 말을 해 주세요. "그냥 엘리베이터잖아. 뭐가 문제야?"라는 식의 환자의 불안한 감정을 이해하지 못하는 말은 삼가 주세요.

그리고 점차적으로 회피 행동을 직면하도록 도와주세요. "한 층만 엘리베이터를 같이 타고 가 보고, 그다음에는 계단으로 올라가 보도록 해요. 내가 당신하고 같이 조금씩 노력해 볼게요." "오늘은 터널을 지나가 봅시다. 만약 당신이 같이 해 보겠다면…. 가는 중에 만약 너무 힘들다면 멈추고 이야기해 볼 수도 있으니까. 당신이 할 수 있는 만큼 조금씩 같이 해 봐요."

회피 행동을 직면해 내면 "힘든데도 불구하고 당신이 엘리베이터에서 불안을 잘 견뎌 내는 걸 보니 너무 감사해요. 계단으로 안 오고 엘리베이터로 올라오니 편하고 좋네요." "계속 연습하면 나중에는 불안이 점차 무뎌져서 잘 안 생긴다고 해요. 내가 당신이 회피 행동을 이겨 낼 때까지 같이 노력해 줄게요."라고 성공에 대해 긍정적인 피드백을 해 주세요. 어떤 분들은 노출치료가 도움이 된다는 이야기를 듣고 억지로 노출을 하도록 밀어붙이는 경우가 있는데, 이럴 경우 오히려 불안이 증가될 수가 있으니 조심하고, 점차적으로 회피 행동을 줄이도록 격려해 주시고, 같이 노력해 보세요.

그리고 가족이 당신을 일부러 불편하게 만들려고 회피 행동을 하는 것이 아니라는 사실을 기억하세요. 자신의 불안을 줄이기 위해서 하는

무섭다고 엘리베이터를 안 타려고 하고, 터널도 돌아가자고 해요

행동이라는 것을 이해하세요. 다만, 회피 행동이 불안을 지속시키기 때문에 우리가 줄이려고 노력하는 거예요. 그리고 회피 행동을 이겨 내는 일은 단지 쉽지만은 않다는 것을 기억하세요. 전진하다가도 때로 후퇴하는 일은 매우 흔한 일입니다. 회피 행동이 줄어드는 데는 오랜 노력과 끈기가 필요해요. 당장 나아져야겠다는 생각을 조금 내려놓고 천천히 하는 것이 필요해요.

어쩌면 가족도 공황장애를 같이 겪어 나간다고도 볼 수 있어요. 회피 행동이 가족의 일상생활에도 영향을 주고 제약을 가하기 때문이죠. 하지만 "당신 때문에 너무 힘들어. 맨날 어떻게 엘리베이터도 안 타고, 터널도 돌아가고, 어떻게 그렇게 지내?"라고 비난하는 말을 하는 것은 피하는 게 좋아요. 너무 힘들 때는 "같이 엘리베이터를 반만 타고 올라가고, 힘들면 당신이 내려서 걸어오면 나는 집 앞에서 당신을 기다릴게요. 괜찮겠어요? 한번 해 볼 수 있겠어요?"라고 적절한 타협안을 제시할 수도 있어요. 때로는 "난 당신과 같이 이 병을 이겨 내기를 원해요. 다만, 당신도 나도 어느 정도 같이 편해질 수 있는 중간지점을 같이 찾아보는 게 좋을 것 같아요."라고 어느 정도 선을 긋는 것도 필요해요.

회피 행동, 어떻게 도와줘야 할까요?

- 환자의 불안을 인정하고, 차분하게 안심시켜 주는 말이 중요해요.
- 점진적으로 직면할 수 있도록 격려하세요.
- 회피 행동을 줄일 때는 억지로 밀어붙이지 말고, 성공했을 때는 따뜻한 칭찬과 지지를 아끼지 마세요.
- 환자는 일부러 불편하게 하려는 게 아니라, 불안을 줄이기 위한 행동이라는 걸 이해해 주세요.
- 가족도 같이 겪고 있다는 마음으로, 너무 힘들 땐 적절한 타협과 중간지점을 찾는 것도 좋아요.

무섭다고 엘리베이터를 안 타려고 하고, 터널도 돌아가자고 해요

Part 7

마치면서

- 제가 공황장애에 대해 잘못 알고 있나요
- 공황장애를 앓은 경험이 내 인생에 도움이 될 수 있나요

공황장애를 이겨 낸 경험은 타인을 이해하고 돌보는 데 도움이 되며,
자신을 돌보는 중요성을 깨닫게 합니다.
치료 과정에서 자기자비적 태도와
필요시 도움을 요청하는 것이 회복에 큰 힘이 됩니다.

제가 공황장애에 대해 잘못 알고 있나요

공황장애 환자들을 치료하면서 다양한 질문들을 받는데, 그중에서 오해하고 있는 문제들 일부에 대한 답을 드리려고 해요.

🗨 공황장애는 의지가 약해서 생기는 병?

> 공황장애는 의지가 약해서 생기는 병인 것 같아요.

A **공황장애는 의지가 약해서 생기는 병이 아닙니다.** 이는 누구에게나 발생할 수 있는 질병이며, 단순히 개인의 성격이나 마음의 강약으로 설명할 수 없는 신경생리학적 요인과 환경적 요인이 복합적으로 작용하는 병입니다. 공황장애는 스트레스, 유전적 요인 그리고 뇌의 신경전달물질 불균형 등에 의해 발생할 수 있습니다. 치료를

통해 충분히 호전될 수 있는 병이므로, 편견을 버리고 적절한 도움을 받는 것이 중요합니다.

 숨을 못 쉬어 죽을 수도 있다?

> 공황 발작이 와서 숨을 못 쉬어 죽을 수 있나요? Q

A 공황 발작은 매우 강렬하고 무서운 경험을 주지만, **실제로 생명을 위협하는 상황은 아닙니다.** 환자들은 숨이 막히는 듯한 느낌을 받거나 죽을 것 같은 공포를 느낄 수 있지만, 이는 신체의 과잉 반응에 의해 나타나는 증상일 뿐입니다. 따라서 이러한 증상이 나타날 때는 '죽지 않는다'는 사실을 인지하고, 호흡을 천천히 조절하며 안정을 찾는 것이 중요합니다.

 불치병이다?

> 공황장애는 치료가 안 되는 병이래요. Q

A **공황장애는 치료가 가능한 질병입니다.** 약물치료와 인지행동치료를 포함한 다양한 치료 방법을 통해 증상을

완화시키고 삶의 질을 회복할 수 있습니다. 특히 약물 치료를 시작하면 **단기간에 상당히 증상이 나아질 수 있으며, 꾸준한 치료와 관리로 공황장애를 극복한 사례도 많습니다.** 중요한 것은 적절한 치료 계획을 세우고 꾸준히 실행하는 것입니다.

📩 불안한 게 잘못된 거 아닌가요?

Q 항상 불안과 초조를 달고 살아요. 불안하면 안 되는 거 아니에요?

A 불안은 인간이 생존하기 위해 진화적으로 발달한 정상적인 감정입니다. 불안은 위험 상황에서 신체를 보호하고 경각심을 높이는 역할을 합니다. 하지만 공황장애 환자의 경우, 불안이 과도하게 나타나 일상생활에 부정적인 영향을 줄 수 있습니다. 따라서 불안을 완전히 없애려고 하기보다는, 불안이 인간이면 누구나 가지고 있는 정상적인 감정임을 이해하고 적절히 관리하는 방법을 배우는 것이 중요합니다. 치료를 통해 불안과 건강한 관계를 맺는 법을 익히는 것이 공황장애 관리의 핵심입니다.

공황장애에 대한 흔한 오해와 진실

"공황장애는 의지가 약해서 생긴다?"

→ 아니에요. 공황장애는 의지나 성격 문제가 아닌 뇌와 신경의 반응으로 생기는 병이에요. 누구에게나 생길 수 있는 질환이며, 치료가 가능한 병이에요.

"공황 발작이 오면 숨 못 쉬고 죽을 수도 있다?"

→ 그렇지 않아요. 죽을 만큼 위험한 상태는 아니에요. 숨이 막히는 느낌은 신체의 과잉 반응일 뿐이며, 천천히 호흡하면서 진정하면 괜찮아져요.

"공황장애는 치료가 안 된다?"

→ 공황장애는 충분히 치료 가능한 질환이에요. 약물치료, 인지행동치료 등으로 증상을 많이 줄일 수 있어요. 중요한 건 꾸준히 치료를 이어 가는 거예요.

"불안하면 안 되는 거 아닌가요?"

→ 불안은 누구에게나 있는 자연스러운 감정이에요. 문제는 불안 자체가 아니라 불안을 너무 두려워하는 것이에요. 불안을 잘 다루는 방법을 배우는 것이 치료의 핵심이에요.

공황장애를 앓은 경험이
내 인생에 도움이 될 수 있나요

　많은 분과 만나다 보면, 공황장애를 이겨 낸 자신의 경험을 통해 같은 어려움을 겪고 있는 다른 사람을 돕는 경우를 봅니다. 나의 힘든 경험이 꼭 나쁜 것만은 아니고, 오히려 이런 경험이 타인을 이해하고 배려하는 데 도움이 되기도 해요.

　또 하나, 현대인들은 너무 열심히 달리다 보니 스트레스가 쌓이고, 그 스트레스가 공황장애를 악화시키는 경우가 많습니다. 그래서 조금 쉬면서 천천히 가는 것이 필요하다는 하나의 계기로 공황장애를 이해할 수 있어요. **공황장애가 쉼 없이 빠르게 달려가는 자신에게 하나의 브레이크로 작용하는 것이지요.** 정신없이 달려가는 자신을 돌아보게 만드는 하나의 계기가 될 수 있습니다.

　역시 공황장애 치료 경험을 통해 규칙적인 수면과 운동, 균형 잡힌 식사는 물론이고, 자기를 챙기고 돌보는 것이 정신건강을 유지하는 데 얼마나 중요한지도 알 수 있어요.

무엇보다, 이런 힘든 과정을 겪고 있는 자신을 비난하지 않고 자신에게 친절한 자기자비적 태도를 함양하는 것이 회복 과정에 큰 힘이 될 수 있어요.

　도움이 필요할 때, 손 내미는 것을 부끄러워하지 않고 정신건강의학과를 찾는 것도 중요해요. 결국 우리가 자신을 돌보고 이해하며 필요한 도움을 요청할 때, 더 나은 자신으로 성장할 수 있다고 해요.

공황장애, 멈춰서 나를 돌아보는 시간

공황장애를 겪은 경험은 고통스럽지만,
나중에는 타인을 이해하고 공감하는 힘이 되기도 해요.
현대인은 너무 빠르게 달리며 쌓인 스트레스로 인해
공황장애를 겪는 경우가 많아요.
그래서 공황장애는 삶의 브레이크이자 쉼의 신호가 될 수 있어요.
치료 과정을 통해 규칙적인 생활 습관과
자신을 돌보는 중요성을 배우게 돼요.
자기비난보다 자기자비를 갖는 태도가 회복에 큰 도움이 돼요.
도움이 필요할 때 전문가에게 손 내미는 용기도 꼭 필요해요.
결국 공황장애는 자신을 이해하고 성장할 기회가 될 수 있어요.

1. Wikipedia contributors. (n.d.). *Panic*. Wikipedia. https://en.wikipedia.org/wiki/Panic
2. Sripalli, P. D. (2023). How do you know if you're having a panic or anxiety attack? *Medical News Today*. https://www.medicalnewstoday.com/articles/327593
3. Kessler, R. C., Stang, P. E., Wittchen, H.-U., Ustun, T. B., Roy-Burne, P. P., & Walters, E. E. (1998). Lifetime Panic-Depression Comorbidity in the National Comorbidity Survey. *Archives of General Psychiatry, 55*(9), 801-808. https://doi.org/10.1001/archpsyc.55.9.801
4. Castriotta, N., & Craske, M. G. (2014). Depression and comorbidity with panic disorder. In C. S. Richards & M. W. O'Hara (Eds.), *The Oxford Handbook of Depression and Comorbidity* (pp. 0-0). Oxford University Press.
5. Weissman, M. M., Bland, R. C., Canino, G. J., et al. (1997). The cross-national epidemiology of panic disorder. *Archives of General Psychiatry, 54*(4), 305-309.
6. 대한불안의학회대국민정신건강실태조사. (2024). 의사신문. http://www.doctorstimes.com/news/articleView.html?idxno=230106
7. 건강보험심사평가원. (2022). 최근 5년(2017~2021년) 우울증과불안장애진료 현황분석. https://www.hira.or.kr/bbsDummy.do?pgmid=HIRAA020041000100&brdScnBltNo=4&brdBltNo=10627

8. Sadock, B. J., Sadock, V. A., & Ruiz, P. (2015). *Kaplan and Sadock's synopsis of psychiatry: Behavioral sciences/clinical psychiatry* (11th ed.). Wolters Kluwer Health.

9. de Jonge, P., Roest, A. M., Lim, C. C., et al. (2016). Cross-national epidemiology of panic disorder and panic attacks in the world mental health surveys. *Depression and Anxiety, 33*(12), 1155-1177. https://doi.org/10.1002/da.22572

10. Batelaan, N. M., Bosman, R. C., Muntingh, A., Scholten, W. D., Huijbregts, K. M., & van Balkom, A. (2017). Risk of relapse after antidepressant discontinuation in anxiety disorders, obsessive-compulsive disorder, and post-traumatic stress disorder: Systematic review and meta-analysis of relapse prevention trials. *BMJ, 358*, j3927. https://doi.org/10.1136/bmj.j3927

저자 소개

이경욱(Kyoung-Uk Lee)

가톨릭대학교 의과대학 졸업
가톨릭대학교 의과대학원 석 · 박사
가톨릭대학교 의정부성모병원 정신건강의학과 교수
가톨릭대학교 정서신경과학 연구실 디렉터: http://cupan.catholic.ac.kr
미시간대학교 정서신경과학 연구실, 트라우마/스트레스 연구그룹 방문교수
마음챙김 자기연민명상 지도자

〈학회활동〉
대한불안의학회 8대 이사장
대한우울조울병학회, 대한정신약물학회, 대한생물정신의학회, 대한뇌기능매핑학회

〈연구분야〉
정서신경과학
불안장애, 기분장애, 심인성 통증, 자살, 건강불안

〈주요 저 · 역서〉
임상정신약물학 4판(공저, 2025, 군자출판사)
우울증 3판(공저, 2023, 군자출판사)
전문가를 위한 마음챙김 자기연민 가이드북(공역, 2023, 학지사)
건강 불안 극복 지침서(역, 2022, 학지사)

명상과 의학(공저, 2022, 학지사)
러브유어셀프(공역, 2019, 학지사)
자살시도에 대한 단기 개입 프로그램 치료자 매뉴얼(공역, 2019, 하나의학사)
신경정신의학(공저, 2017, 아엠이즈컴퍼니)
우울증(공저, 2012, 시그마프레스)
임신, 출산, 신생아 관리의 실용적 접근(공저, 2011년, 여문각)
임상신경정신약물학(공저, 2009, 엠엘커뮤니케이션즈)
임상정신약리학. 제3판(공저, 2007, 엠엘커뮤니케이션즈)
재난과 정신건강(공저, 2004, 지식공작소)
임신과 내과적 질환 및 합병증(공저, 2004, 여문각)

공황장애 이해와 스스로 치유하기

공황장애 환자와 가족을 위한 안내서
Understanding Panic Disorder:
A Practical Guide for Patients and Families

2025년 6월 5일 1판 1쇄 인쇄
2025년 6월 15일 1판 1쇄 발행

지은이 • 이경욱
펴낸이 • 김진환
펴낸곳 • ㈜**학지사**

04031 서울특별시 마포구 양화로 15길 20 마인드월드빌딩
대표전화 • 02-330-5114   팩스 • 02-324-2345
등록번호 • 제313-2006-000265호

홈페이지 • http://www.hakjisa.co.kr
인스타그램 • https://www.instagram.com/hakjisabook

ISBN 978-89-997-3435-9 03180

정가 15,000원

저자와의 협약으로 인지는 생략합니다.
파본은 구입처에서 교환해 드립니다.

이 책을 무단으로 전재하거나 복제할 경우 저작권법에 따라 처벌을 받게 됩니다.

출판미디어기업 **학지사**

간호보건의학출판 **학지사메디컬** www.hakjisamd.co.kr
심리검사연구소 **인싸이트** www.inpsyt.co.kr
학술논문서비스 **뉴논문** www.newnonmun.com
교육연수원 **카운피아** www.counpia.com
대학교재전자책플랫폼 **캠퍼스북** www.campusbook.co.kr